Obst & Gemüse

Obst & Gemüse

LEANNE KITCHEN

Dorling Kindersley

Inhalt

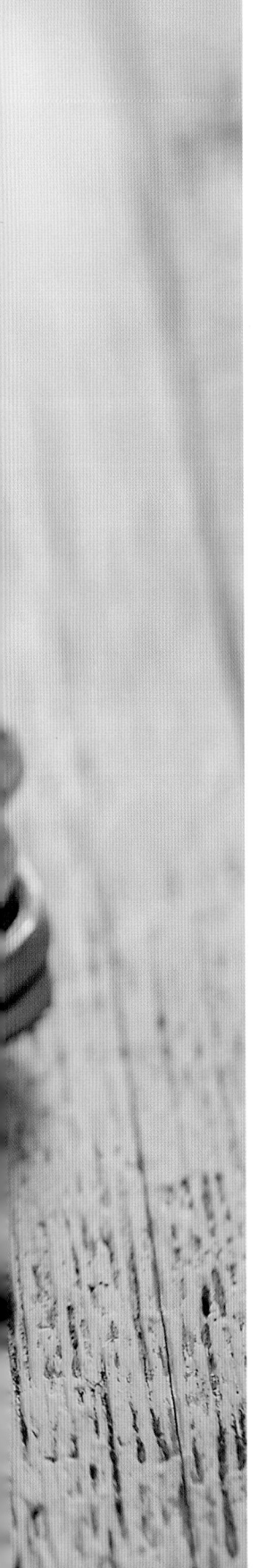

Einführung

Dass wir heute in Dörfern, Städten und Metropolen leben, verdanken wir letztlich der Landwirtschaft. Vor vielen Zehntausend Jahren lebten die Menschen von der Jagd, vom Fischfang und vom dem, was ihnen die Natur an Nahrung bot, und zogen auf der Suche nach Nahrung umher. Erst vor einigen Tausend Jahren begann man, Vieh zu züchten und Grundnahrungsmittel wie Weizen, Erbsen, Gerste, Linsen und Hafer anzubauen.

Um sich die Landarbeit zu erleichtern, nutzte der Mensch die Arbeitskraft von Kühen, Pferden und Eseln. Eine weitere Erleichterung brachten dann im Zuge der Industriellen Revolution des 18. Jahrhunderts die Erfindung und Weiterentwicklung der landwirtschaftlichen Maschinen. Enormen Einfluss auf die Entwicklung der europäischen Landwirtschaft und die Versorgung mit Lebensmitteln hatte darüber hinaus die Einführung ertragreicher Erzeugnisse wie Mais und Kartoffeln aus der Neuen Welt. In den folgenden Jahrhunderten konnten die Ernteerträge und die Lebensmittelversorgung mehr und mehr gesteigert werden. Und auch die Weltbevölkerung wuchs an.

Die Erfindung von Kühlsystemen und die Entwicklung von Transportsystemen, wissenschaftliches Know-how und eine landwirtschaftliche Produktion in industriellem Maßstab führten zur Globalisierung der modernen Landwirtschaft. Geht man heute in einen Supermarkt, findet man Spargel aus Kenia, Orangen aus Israel und Litschis aus China, und wir können das ganze Jahr über aus einem breiten Angebot an Früchten, Gemüse und Kräutern auswählen.

DER RHYTHMUS DER JAHRESZEITEN

Als sich der Mensch noch von dem ernährte, was die Erde ihm an Nahrung bot, hatte er eine enge Beziehung zur Natur. Es war selbstverständlich, dass das Wetter, die Naturgewalten und die Jahreszeiten respektiert werden mussten.

Heute ernähren wir uns von Früchten und Gemüse, bei deren Züchtung vor allem Gesichtspunkte wie geringe Anfälligkeit für Krankheiten, frühere Reife oder die Einheitlichkeit von Größe und Farbe eine Rolle spielen. Der Preis, den wir für die Annehmlichkeiten zahlen, ist ein Verlust an Geschmack und typischen Eigenschaften.

Inzwischen geht der Trend wieder zu saisonalen Produkten aus heimischem Anbau und die Zahl derer, die sich auf das beschränken, was die Jahreszeit bietet und die Tomaten und Erdbeeren nur im Sommer oder Spargel und Erbsen nur im Frühjahr genießen, wächst stetig. Stangensellerie schmeckt am besten, wenn er im Winter geerntet wird, während Basilikum seine pikante Süße vor allem im Sommer entfaltet. Andere Erzeugnisse büßen dagegen nicht nennenswert an Qualität ein, wenn sie das ganze Jahr über (häufig in Gewächshäusern) angebaut werden. Und wieder andere wie Kartoffeln und Kürbisse können lange gelagert werden, ohne dass die Qualität darunter leidet.

Der Kauf saisonaler Produkte aus heimischer Erzeugung wirkt sich jedoch nicht nur positiv auf Umwelt und Gesundheit aus, er schont auch die Haushaltskasse. Denn dieses Obst und Gemüse ist aufgrund des reichhaltigen Angebots auch besonders preiswert.

Aus gesundheitlichen Erwägungen und aus Gründen des Umweltschutzes halten immer mehr Konsumenten nach Erzeugnissen aus biologischem Anbau Ausschau, die ohne den Einsatz chemischer Pestizide und Dünger erzeugt werden. Viele behaupten sogar, diese Lebensmittel würden besser schmecken.

Die biologische Landwirtschaft folgt einem ganzheitlichen Ansatz, bei dem die Gesunderhaltung und nachhaltige Nutzung des Bodens oberstes Ziel sind. In vielen Ländern dürfen die Erzeuger ihre Produkte nur mit dem Biosiegel kennzeichnen, wenn sie strenge Auflagen erfüllen. So kann der Verbraucher sicher sein, das »richtige« Produkt zu kaufen.

In den 1980er-Jahren wurde die landwirtschaftliche Produktion durch die Gentechnik revolutioniert. Die Gentechnik oder genetische Veränderung (GV), wie sie auch genannt wird, ermöglicht es den Wissenschaftlern die Pflanzen genetisch zu verändern und so eine Reihe von Verbesserungen zu erzielen, etwa im Hinblick auf höhere Ernteerträge, Krankheitsresistenz, Verbesserung des Nährwertgehalts oder längere Haltbarkeit. Dies kann auf unterschiedliche Weise geschehen. Eine Möglichkeit besteht darin, die DNA eines Organismus oder einer Pflanze zu isolieren und im Labor zu verändern und der Empfängerpflanze ein oder mehrere neue Gene einzupflanzen. Andere

Methoden bestehen darin den Anteil eines bestimmten Gens, das eine Pflanze bereits in sich trägt, zu erhöhen oder zu verringern, indem man es ganz entfernt oder seine Position innerhalb der Genstruktur verändert.

Es gibt zahlreiche wissenschaftliche Studien zur Unbedenklichkeit und zur Ethik der Genveränderung und viele Wissenschaftler behaupten, gentechnisch veränderte Lebensmittel seien nicht »verfälschter« als andere moderne Früchte und Gemüse. Befürworter haben viele gute Argumente, die für gentechnisch veränderte Lebensmittel sprechen. So können die Pflanzen beispielsweise unter schlechteren Bedingungen gedeihen, wodurch sich Möglichkeiten für die Landwirtschaft in den verarmten oder Hunger leidenden Regionen der Welt eröffnen. Dem Problem des Hungers könnte man außerdem mit neu entwickelten Reissorten mit einem besonders hohen Gehalt an Vitamin A begegnen.

Kritiker, die gentechnisch veränderte Lebensmittel aus ethischen, sozialen oder wissenschaftlichen Gründen ablehnen, bezeichnen solche Nahrungsmittel als »Frankenfoods« und argumentieren, man könne nicht vorhersehen, wie sich der Konsum gentechnisch veränderter Lebensmittel langfristig auswirken werde. Die meisten Länder, die gentechnisch veränderte Lebensmittel erzeugen und vertreiben, sind verpflichtet, diese als solche zu kennzeichnen. Zu den Feldfrüchten, die am häufigsten genetisch manipuliert werden, zählen Mais, Reis, Weizen, Sojabohnen und Raps. Die Vereinigten Staaten züchten und verkaufen mehr genetisch veränderte Lebensmittel als irgendein anderes Land. Da die Technik noch in den Kinderschuhen steckt, ist kaum vorhersehbar, ob und in welchem Maße sie sich durchsetzen wird. Dank der Kennzeichnungspflicht ist der Verbraucher jedoch in der Lage selbst entscheiden zu können, was auf seinen Tisch kommt.

KÜCHENUTENSILIEN

Viele der Küchengeräte, die Sie für die Zubereitung der hier vorgestellten Rezepte benötigen, werden Sie zwar bereits besitzen, aber vielleicht fehlt Ihnen noch das ein oder andere »Spezialgerät«, das Ihnen so manche Arbeit erleichtern wird.

APFELAUSSTECHER

Um die Kerngehäuse aus Äpfeln und Birnen sauber zu entfernen, ist ein Apfelausstecher unverzichtbar. Ein Apfelausstecher sollte sehr stabil sein, da man großen Druck darauf ausübt. Achten Sie außerdem darauf, dass das Loch groß genug ist, damit das Kerngehäuse auch wirklich vollständig entfernt werden kann. Besonders zu empfehlen sind Modelle mit Gummigriffen, die weniger leicht aus der Hand gleiten.

DÄMPFEINSATZ

Zum Dämpfen eignet sich jeder Kochtopf – Sie benötigen lediglich einen speziellen Einsatz.

Es gibt Töpfe, bei denen ein solcher Einsatz gleich mitgeliefert wird. Das Wasser kocht im unteren Teil des Topfes, das Gemüse befindet sich im Einsatz und wird durch den Dampf, der sich unter dem fest schließenden Deckel bildet, gegart. Kaufen Sie einen guten Edelstahltopf und achten Sie darauf, dass der Dämpfeinsatz exakt in den Topf passt und der Deckel fest schließt.

Die preiswertere Variante ist ein Dämpfkorb. Er besteht aus Edelstahl und hat faltbare »Blätter«, mithilfe derer er sich auf die richtige Topfgröße entfalten lässt. Darüber hinaus verfügt er über ausklappbare Füße. So kann er in den Topf gestellt werden, ohne dass das Gemüse mit dem Wasser in Berührung kommt. In der Mitte befindet sich ein Griff, mit dem man den Korb aus dem Topf heben kann.

GEMÜSEHOBEL

Ein guter Hobel hat verschiedene Messer und hilft, Früchte und Gemüse in gleichmäßig dünne Scheiben, Juliennestreifen oder wellenförmige Stücke zu schneiden. Die Geräte sind zwar etwas mühsam zu reinigen, aber dafür wird man mit perfekt geschnittenen Zutaten belohnt.

Es gibt einfache Kunststoffmodelle, die nur aus einer Kunststoffbox bestehen, in die über einem Schlitz eine Klinge eingelassen ist, oder wesentlich größere und teurere Profimodelle aus Edelstahl mit verschiedenen Klingen und einem Halter, der vor Verletzungen der Finger schützt.

GEMÜSEMÜHLE

Im Zeitalter arbeitssparender elektrischer Geräte hat auch die altmodische Gemüsemühle oder Flotte Lotte noch immer ihren Platz. Ihr großer Vorzug gegenüber der Küchenmaschine besteht darin, dass Schalen und Kerne beim Pürieren von Saucen und Suppen in ihrem Sieb zurückbleiben. Je nachdem, welche Konsistenz das Endprodukt haben soll, kann man zwischen verschiedenen auswechselbaren Scheiben – fein, mittel und grob – wählen. Die Gemüsemühle wird mit einem Haken über einer Schüssel oder einem Topf eingehängt. Dann presst man die Lebensmittel mithilfe einer Kurbel, die mehrere rotorartige Blätter in Bewegung setzt, durch die gewählte Scheibe. Lässt sich die Kurbel nicht mehr richtig drehen, dreht man sie einfach in entgegengesetzter Richtung.

Gemüsemühlen gibt es aus Kunststoff oder Metall. Besonders zu empfehlen sind Modelle aus Edelstahl, denn andere Materialien können mit den in den Lebensmitteln enthaltenen Säuren reagieren und sich verfärben oder rosten. Achten Sie außerdem darauf, wie breit der Haken zum Einhängen der Mühle ist, denn danach richtet sich die Größe des Topfes oder der Schüssel, in der das Püree aufgefangen werden soll.

GRILLPFANNE

Grillpfannen unterscheiden sich von herkömmlichen Pfannen durch ihren gerippten Boden. Dadurch werden die Speisen nicht unmittelbar der Hitze ausgesetzt und sehen überdies aus, als seien sie auf dem Holzkohlegrill zubereitet worden. Der Geschmack ist allerdings nicht genau der gleiche, da die Lebensmittel nicht mit Feuer und Rauch in Berührung kommen. Grillpfannen eignen sich für Zucchini, Auberginen und Paprikaschoten, die auf dem Holzkohlegrill schnell verbrennen würden.

Es gibt Grillpfannen, die nur einen kleinen Rand haben, und solche, bei denen der Rand wie bei einer Bratpfanne geformt ist. Außerdem gibt es runde, quadratische und rechteckige Modelle. Besonders zu empfehlen sind schwere Grillpfannen aus Metall, z. B. aus Gusseisen. Der Griff sollte möglichst lang sein, damit man der heißen Pfanne nicht zu nahe kommen muss. Es gibt allerdings auch Pfannen, die keinen Griff haben. Wichtig ist außerdem die Größe der Pfanne. Ist die Pfanne zu klein, müssen Sie sehr viel länger am heißen Herd stehen als notwendig.

KARTOFFELPRESSE

Wenn man ein feines, lockeres Kartoffelpüree – etwa für Gnocchi – benötigt, ist eine Kartoffelpresse unverzichtbar (gekochte Kartoffeln dürfen nicht in der Küchenmaschine püriert werden, das Püree wird sonst zäh). Eine Kartoffelpresse sieht aus wie eine große Knoblauchpresse und besteht aus einer großen, perforierten Kammer und einem schweren Arm. Man legt die gekochten Kartoffeln in die Kammer und presst die Kartoffeln dann kräftig mit einem stabilen Griff durch die Löcher. Die Kartoffelpresse eignet sich auch zum Pürieren von anderem Wurzelgemüse und stärkehaltigem Gemüse wie Dicken Bohnen und Erbsen.

Das Gerät sollte stabil auf dem Topf oder der Schüssel aufliegen und die Griffe sollten gut in der Hand liegen. Besonders empfehlenswert sind Modelle aus Edelstahl, die sich leichter reinigen lassen. Neben den einfachen Modellen, bei denen die Kammer aus einem Stück gegossen ist, gibt es auch solche mit auswechselbaren Platten mit verschieden großen Löchern.

KARTOFFELSTAMPFER

Beim Kochen dehnen sich die in der Kartoffel enthaltenen Stärkekörnchen aus. Bricht man die Zellwände einer gekochten Kartoffel auf, werden große Mengen Stärke frei gesetzt und die Konsistenz wird zäh. Mit einem Kartoffelstampfer werden die Zellen kaum beschädigt und das Püree wird locker und leicht.

Ein Kartoffelstampfer sollte sich gut handhaben lassen und gut verarbeitet und stabil sein, damit er dem Druck standhalten kann. Am stabilsten ist robuster Edelstahl. Achten Sie beim Kauf darauf, dass der Griff mit massiven Nieten befestigt ist (besonders teure Modelle sind aus einem Stück gegossen) und dass der Boden möglichst viele Löcher hat. So wird das Püree besonders fein.

KIRSCHENTKERNER
Man legt die Kirsche einfach in einen kleinen, runden Halter des Kirschentkerners und drückt den mit einer Feder und einem Dorn ausgestatteten Griff herunter. Der Dorn bohrt sich durch die Kirsche und der Kern fällt durch ein Loch am Boden des Halters. Kaufen Sie einen Kirschentkerner aus Metall, der gut in der Hand liegt und ohne großen Kraftaufwand zu bedienen ist. Der Kirschentkerner eignet sich ebenfalls sehr gut zum Entsteinen von Oliven.

KNOBLAUCHPRESSE
Manche Köche schwören auf die Knoblauchpresse, weil sie ihnen die Arbeit erleichtert, andere halten gar nichts davon. Knoblauch, der durch die Knoblauchpresse gedrückt wurde, hat häufig einen schärferen Geschmack, da beim Durchpressen mehr Zellen aufgebrochen werden als beim Schneiden. Manche empfinden diesen Geschmack deshalb als zu intensiv.

Achten Sie beim Kauf darauf, dass die Presse gut in der Hand liegt, sich gut reinigen lässt und stabil ist. Besonders empfehlenswert sind antihaftbeschichtete Modelle. Es gibt sogar Modelle, bei denen die Zehen vorher nicht mehr geschält werden müssen. Es empfiehlt sich trotzdem den Knoblauch vor dem Durchpressen stets zu schälen. Bei einigen Modellen werden darüber hinaus praktische Reinigungswerkzeuge mitgeliefert, mit denen sich die Knoblauchstückchen, die sich in den Löchern festgesetzt haben, mühelos entfernen lassen.

MESSER
Zur Zubereitung von Gemüse benötigen Sie ein Schälmesser und wenigstens ein großes oder mittelgroßes Kochmesser. Ein gutes Sägemesser ist außerdem praktisch zum Schneiden von Tomaten, Zitrusfrüchten und anderem zarten oder besonders saftigem Obst und Gemüse.

Das Schälmesser ist ein kleines Messer mit starrer, nach vorn spitz zulaufender Klinge. Damit lassen sich mühelos die »Augen« aus Kartoffeln entfernen, kleine Früchte und Gemüse putzen, Tomaten schälen und vieles andere mehr.

Ein Kochmesser verwendet man vor allem zum Hacken. Die Klinge kann 15–35 cm lang sein. Messer mit einer 23–25 cm langen Klinge eignen sich für die verschiedensten Arbeiten: zum Hacken von Kräutern und Gemüse, um

Gemüse in Juliennestreifen zu schneiden, um die Körner von Maiskolben abzustreifen und zum Schneiden von harten Früchten wie z. B. Quitten.

Die Ausgaben für ein Qualitätsmesser lohnen sich in jedem Fall! Achten Sie darauf, dass das Messer gut in der Hand liegt und gut verarbeitet ist. Messerklingen werden aus Stahl gefertigt, bei besonders hochwertigen Messern aus rostfreiem Edelstahl. Klingen aus rostfreiem Edelstahl werden nicht so schnell stumpf, verfärben sich nicht, zerkratzen nicht, rosten nicht und sind biegsam ohne abzubrechen. Wichtig ist zudem, dass die Messerklinge aus einem Stück gefertigt ist, das von der Klingenspitze bis zum Griffende reicht. Klingen, die mit Nieten oder Ähnlichem am Griff befestigt sind, können sich mit der Zeit lockern und schneiden niemals so kraftvoll wie durchgehende Klingen. Am strapazierfähigsten sind Griffe aus Kunststoff, Hartgummi und Edelstahl. Nieten und andere Verbindungselemente sollten absolut glatt sein und nahtlos ineinander übergehen, damit sie sich nicht lockern oder sich Speisereste darin sammeln.

Der Erl – das ist der Teil der Klinge, der sich im Griff befindet – reicht bei einem Qualitätsmesser bis zum Griffende und hat die gleiche Form wie der Griff. Nicht zu empfehlen sind Messer, bei denen der Erl nur ein Stück weit in den Griff hineinreicht, oder solche, bei denen er zwar bis zum Griffende reicht, aber nicht die gleiche Breite hat. Dies ist meist bei preiswerteren Messern der Fall, mit denen sich nicht gut arbeiten lässt.

PASSIERSIEB

Passiersiebe bestehen aus einem Rahmen, an dem das Sieb und der Griff befestigt sind, und einem daran befindlichen Haken, mit dem man das Sieb am Topfrand einhängen kann.

Ein feinmaschiges Passiersieb verwendet man zum Abseihen von Obst- und Gemüsesäften, grobmaschigere Siebe zum Durchpassieren von Brühen, Saucen und Suppen und für Fruchtpürees.

Das Passiersieb sollte möglichst aus Metall sein, einen stabilen Rahmen und einen hitzebeständigen Griff haben, der gut in der Hand liegt und fest mit dem Rahmen verbunden ist. Je feinmaschiger das Sieb ist, desto fragiler ist es. Außerdem sollte sich das Metall weder verfärben noch rosten.

REIBE

Das gängigste Modell ist die viereckige Reibe mit vier verschiedenen Reib-flächen zum Reiben, Raspeln und Hobeln. Daneben gibt es kleine Reiben aus Edelstahl mit winzigen, außerordentlich scharfen Löchern zum Abreiben von Zitrusschalen und zum Reiben von Hartkäse sowie noch kleinere Modelle zum Reiben von Zimt und Muskatnüssen.

SALATSCHLEUDER

Blattsalate, die roh serviert werden, müssen gründlich gewaschen und anschließend gut getrocknet werden, damit die Salatsauce nicht an ihnen »abgleitet«. Außerdem werden nasse Blätter schnell welk. Salatblätter zu trocknen ist nicht ganz einfach, weil sie – etwa durch zu starkes Schütteln, ja sogar beim Trockentupfen mit Küchenpapier – leicht beschädigt werden können. Hier kommt die Salatschleuder ins Spiel, die sich die Zentrifugalkraft zunutze macht. Beim schnellen Drehen wird das Wasser aus den Blättern herausgeschleudert und sammelt sich in der Schüssel der Schleuder. Salatschleudern können mit einer Kurbel, einer Zugschnur oder einem Druckknopf arbeiten und sie sind einfach im Gebrauch. Salatschleudern sind aus Kunststoff und haben deshalb trotz ihrer Größe ein sehr geringes Gewicht.

Achten Sie beim Kauf darauf, dass die Salatschleuder stabil ist, gut schleudert und einen fest sitzenden Deckel hat. Und testen Sie den Schleudermechanismus – manche Modelle haben einen stabilen Stand, während man andere festhalten muss.

SCHNEIDEBRETT

Für die Zubereitung von Obst und Gemüse benötigen Sie ein gutes Schneidebrett, besser noch, mehrere. Denn es ist ratsam für ähnliche Zutaten, etwa zum Knoblauchschneiden oder -hacken, immer ein und dasselbe Brett zu benutzen, da sich intensive Gerüche nur schlecht beseitigen lassen.

Kunststoff, Hartgummi und Holz sind ideale Materialien, denn sie sind weich genug, um das Messer abzufedern, sodass die Schneide nicht stumpf wird, und gleichzeitig sind sie so kompakt, dass sie auf der Arbeitsfläche nicht wegrutschen. Manche Köche bevorzugen den Naturstoff Holz, der allerdings etwas umstritten ist, weil sich darin Bakterien einnisten können. Profiköche verwenden Schneidebretter aus hoch verdichtetem thermoplastischem Kunststoff, die im Unterschied zu Holzbrettern nicht splittern oder brechen, sich nicht verziehen, die Feuchtigkeit nicht aufsaugen oder die Farbe der Lebensmittel annehmen und die man einfach nur mit Spülmittel reinigen muss. Daneben verwenden Profiköche gerne auch Schneidebretter mit Hartgummibeschichtung, weil sie gut auf der Arbeitsfläche aufliegen, die Messer nicht stumpf werden lassen und leichter zu reinigen sind als Holzbretter.

Ein Schneidebrett sollte strapazierfähig und stabil, nicht zu dünn und möglichst groß sein.

SIEB

Es kann nicht schaden, mehrere Standsiebe zu besitzen. Es gibt Siebe, die nur einen langen seitlichen Griff haben und auf der gegenüberliegenden Seite einen Haken (um das Sieb am Topf- oder Schüsselrand einzuhängen). Andere haben kleine, abgerundete Griffe. Sie eignen sich am besten, um die Lebensmittel direkt in der Spüle abtropfen zu lassen.

Kaufen Sie ein möglichst großes Sieb, das nicht leicht verbeult oder zerkratzt werden kann, sich nicht so schnell verfärbt oder mit anderen Zutaten reagiert. Besonders zu empfehlen sind deshalb Siebe aus Edelstahl. Bei emailliertem Stahl kann der Überzug abplatzen und Kupfer kann mit säurehaltigen Lebensmitteln chemisch reagieren.

STABMIXER

Ein Stabmixer sieht, wie der Name schon sagt, aus wie ein Stab mit einem kleinen Motor und rotierenden Klingen am unteren Ende. Damit können Sie die Suppe direkt im Topf pürieren.

Die besten Modelle verfügen über zahlreiche Zusatzausstattungen, die alle Funktionen einer Küchenmaschine erfüllen können. Solche Geräte eignen sich nicht nur zum Pürieren von Suppen und zur Zubereitung von Pasten, sondern auch zum Herstellen von Pestos, zum Mahlen von Gewürzen, zum Hacken von Kräutern und Knoblauch und sogar zum Sahneschlagen. Der Motor sollte möglichst leistungsfähig sein, damit das Gerät lange hält.

TÖPFE

Am besten sind Töpfe aus Edelstahl oder emailliertem Gusseisen. Aluminium kann korrodieren, wenn es mit Säuren (und Basen) in Kontakt kommt, und es kann mit bestimmten Lebensmitteln, z. B. mit Tomaten, reagieren, was den Geschmack und die Farbe der Zutaten beeinträchtigen kann. Andererseits ist Aluminium besonders leicht und leitet die Wärme gut. Deshalb sind Töpfe mit einem Aluminiumkern und Edelstahlüberzug ein guter Kompromiss.

Da Edelstahl die Wärme relativ schlecht leitet, haben gute Edelstahltöpfe am Boden eine Aluminium- oder Kupferschicht. Damit die Wärme gleichmäßig verteilt wird, sollte diese Schicht möglichst dick sein und den ganzen Boden bedecken.

Emaillierte Gusseisentöpfe sind sehr schwer. Allerdings kleben die Lebensmittel in Gusseisentöpfen nicht so leicht an, weshalb sie sich besonders gut für Saucen und Gerichte eignen, die leicht anbrennen.

Beim Kauf stets darauf achten, dass die Topfdeckel gut schließen.

WIEGEMESSER

Das Wiegemesser ist ein Messer mit zwei Griffen und gebogener Klinge, um größere Mengen Kräuter fein zu hacken, ohne sie zu zerdrücken oder zu beschädigen. Das Messer wird dabei wie eine Wiege hin- und herbewegt.

Aus der Speisekammer

Viele der Gemüse, die im Mittelpunkt dieses Kapitels stehen, gehören praktisch zu unserem Alltag. Es sind die ganz einfachen Gemüse, die man eigentlich immer vorrätig hat und die sich in zahllosen köstlichen Gerichten wiederfinden. Und weil sie sich überdies vielfach auch noch durch eine besonders lange Haltbarkeit auszeichnen, waren sie nicht selten das Einzige, was den Menschen über harte Zeiten hinweghalf. Die Zeiten haben sich zwar geändert, ihrer Beliebtheit hat dies jedoch keinen Abbruch getan.

KARTOFFELN

Die Kartoffel liefert mehr Energie als irgendein anderes Gemüse. Sie gehört zur Familie der Nachtschattengewächse und ist verwandt mit der Tomate. Kartoffeln werden das ganze Jahr über angebaut.

Neue Kartoffeln werden geerntet, wenn sie noch nicht voll ausgereift sind. Sie haben ein festes, saftiges Fleisch, eine zarte, dünne Schale und einen »frischen« Kartoffelgeschmack. Neue Kartoffeln schmecken köstlich, wenn man sie kocht und mit frischer Minze und ein wenig Butter verfeinert.

Bei den Kartoffeln, die im Handel vorwiegend angeboten werden, handelt es sich um »alte« Kartoffeln. Sie haben ein trockeneres Fruchtfleisch und eine dickere Schale als neue Kartoffeln und sind, an einem kühlen, lichtgeschützten Ort gelagert, lange haltbar. Neben den gängigen Kartoffelsorten mit weißem, beigefarbenem oder gelblichem Fruchtfleisch gibt es auch Sorten mit blauem und sogar violettem Fleisch. Es handelt sich dabei um sehr alte Sorten, die Sie unbedingt einmal ausprobieren sollten. Zudem gibt es Kartoffeln mit roter und goldbrauner Schale und auch bei den Formen ist die Vielfalt groß.

Um die verschiedenen Sorten richtig kochen und zubereiten zu können, muss man vor allem wissen, welche Sorten fest- und welche mehligkochend sind. Darüber hinaus gibt es auch noch sogenannte **vorwiegend festkochende** Kartoffeln, die für jede Zubereitungsart geeignet sind. **Mehligkochende Kartoffeln** enthalten mehr Stärke als neue Kartoffeln. Daraus lassen sich lockere Pürees herstellen und sie eignen sich zum Backen als Folienkartoffeln sowie zum Braten, nicht aber für Chips und Salate. **Festkochende Kartoffeln** hingegen (neue Kartoffeln und die meisten roten Sorten) haben ein festeres Fleisch, enthalten weniger Stärke und eignen sich besonders gut für Chips und Salate. Festkochende Kartoffeln kocht man am besten als Pellkartoffeln.

Kaufen Sie Kartoffeln nach Möglichkeit offen und achten Sie darauf, dass die Kartoffeln keine grünen Flecken haben. Die Kartoffeln sollten sich fest anfühlen, schwer in der Hand liegen und weder Flecken noch »Augen« haben, denn sie sind ein Hinweis darauf, dass die Kartoffel zu keimen beginnt.

Mit Ausnahme von neuen Kartoffeln, die nach dem Kauf innerhalb weniger Tage verbraucht werden müssen, können Kartoffeln an einem kühlen, lichtgeschützten Ort in einem Jutesack oder einem stabilen Papiersack aufbewahrt werden (Kartoffeln niemals einfrieren!). Bei richtiger Lagerung sind sie bis zu drei Monate haltbar. In dieser Zeit verwandelt sich die Stärke in Zucker, weshalb ältere Kartoffeln einen süßeren Geschmack haben.

Ein Großteil der wertvollen Nährstoffe (Vitamin B_6 und C, Niacin, Jod, Folsäure, Kupfer und Magnesium) sitzt direkt unter der Schale. Schälen Sie die Kartoffeln also nach Möglichkeit nur, wenn es unbedingt notwendig ist, und waschen Sie sie lediglich gründlich.

KNOBLAUCH

Der Knoblauch ist reich an ätherischen Ölen, gehört wie die Zwiebel, die Schalotte und der Lauch zur Familie der Lauchgewächse. Roher Knoblauch verleiht Salatsaucen, Mayonnaisen und Marinaden eine pikante Note. Wenn man ihn langsam und bei geringer Hitze gart, verschwindet der intensive Knoblauchgeschmack, und er verleiht den Speisen eine angenehm pikante Note.

Es gibt Hunderte verschiedene Knoblauchsorten. Eine Knolle kann aus bis zu 60 Zehen bestehen, die jeweils von einer papierartigen Schale umhüllt sind. Die Zehen sollten fest sein und nicht keimen. Die Schale muss knistern und trocken sein.

Knoblauch stets an einem kühlen, lichtgeschützten und gut durchlüfteten Platz aufbewahren, dann ist er mehrere Monate haltbar. Die Zehen erst unmittelbar vor der Zubereitung schälen und zerkleinern, weil der Knoblauch bitter wird, wenn er mit der Luft in Berührung kommt. Die Zehen vor dem Schälen mit der Breitseite einer Messerklinge leicht zerdrücken. Hacken lässt sich Knoblauch am besten, wenn man das Schneidebrett mit etwas Meersalz bestreut.

Knoblauch enthält das Enzym Alliinase, das beim Zerkleinern freigesetzt wird. Je feiner der Knoblauch also gehackt wird, desto mehr Alliinase wird freigesetzt. In manchen Rezepten, z. B. im klassischen Knoblauchhähnchen (siehe Seite 26), wird sehr viel Knoblauch verwendet. Allerdings wird er hier im Ganzen mitgekocht, was den Geschmack mildert.

Die Schärfe von rohem Knoblauch verleiht Butter, Öl und Mayonnaise, aber auch Salaten und Gemüsegerichten eine pikante Note. Und auch in Fleisch- und Gemüsegerichten sollte man stets etwas Knoblauch mitkochen lassen.

KNOLLENSELLERIE

Die »Kugel« hat viele kleine Wurzeln und dicke, grüne Blattstiele und Blätter, die nicht zum Verzehr geeignet sind.

Knollensellerie wird in der Regel gebraten oder gedämpft (denn beim Kochen saugt er sich schnell mit Wasser voll). Man kann daraus ein Püree oder eine cremige Suppe herstellen, ihn in feine Streifen schneiden und frittieren, raspeln oder in Juliennestreifen streifen und wie in dem berühmten französischen Selleriesalat (siehe Seite 48) roh essen.

Kaufen Sie nach Möglichkeit nur Knollen mit Stielen und Blättern, denn daran können Sie erkennen, wie frisch der Sellerie ist. Bei frischem Knollensellerie ist der obere Rand ganz leicht grün gefärbt. Kaufen Sie keine übermäßig großen Knollen, denn ihr Fleisch ist häufig »schwammig«. Die kleinen Knollen sollten schwer in der Hand liegen und schön fest sein. Zum Aufbewahren die Stiele abschneiden und die Knolle lose in einem Plastikbeutel verpackt ins Gemüsefach des Kühlschranks legen. Der Sellerie ist so bis zu zehn Tage haltbar.

Den Sellerie vor der Zubereitung mit einem kleinen, scharfen Messer schälen und die Wurzeln abschneiden. Da sich das Fruchtfleisch schnell verfärbt, sollte man Sellerie erst unmittelbar vor der Zubereitung schälen und klein schneiden und ihn bis zur Weiterverarbeitung in Zitronen- oder Essigwasser legen.

Sellerie passt gut zu Butter, Äpfeln (ein Püree aus Sellerie und Äpfeln ist eine Köstlichkeit!), Sahne, Mayonnaise, Walnüssen, Zitronen, Senf, Schnittlauch und Petersilie und Käse (Blauschimmelkäse, Gruyère und Cheddar).

KÜRBIS

Der Kürbis ist die Frucht einer rankenden Pflanze. Der Name leitet sich vom griechischen *pepon* (große Melone) her und zu einer stattlichen Größe kann es so ein Kürbis tatsächlich bringen (der größte brachte etwa 767 kg auf die Waage).

Es gibt Hunderte verschiedene Sorten. Farbe, Süße, Wassergehalt und Konsistenz des Fruchtfleisches können zwar sehr unterschiedlich sein, dennoch sind die verschiedenen Sorten beim Kochen zumeist austauschbar.

Größere Kürbisse werden oft in Folie verpackt in Stücken verkauft. Wenn Sie Stücke kaufen, achten Sie darauf, dass das Fleisch saftig und fest ist und eine kräftige Farbe hat. Kürbisstücke sollte man lose in einem Plastikbeutel verpackt nicht länger als zwei bis drei Tage im Kühlschrank aufbewahren. Ganze Kürbisse halten sich an einem kühlen, lichtgeschützten und gut durchlüfteten Ort mehrere Monate.

Vor der Zubereitung müssen bei allen Kürbissen zunächst die Samen entfernt werden. Bis auf einige Sorten mit dünner Schale, die man mit der Schale braten kann, müssen Kürbisse geschält werden. Weil sie beim Kochen wässrig werden können, empfiehlt es sich, Kürbisse zu dämpfen. Klein geschnittenes Kürbisfleisch kann man auch zugedeckt bei geringer bis mittlerer Hitze in etwas Butter oder Öl garen. Es bekommt dabei, ähnlich wie beim Braten, einen wunderbar intensiven Geschmack.

Kürbis passt gut zu allen Arten von Käse, zu Sahne, Ei, Butter, Schinken und anderem gepökeltem und geräuchertem Schweinefleisch, zu gebratenem Fleisch, Rucola, Brunnenkresse, Spinat, süßen Gewürzen, Tomaten, Oliven und Orangen. Außerdem harmoniert er hervorragend mit Gewürzen wie Salbei, Rosmarin und Majoran sowie mit süßen Aromen wie Ahornsirup, braunem Zucker, Zimt und Honig.

MÖHREN

Möhren enthalten mehr Vitamin A als jedes andere Gemüse und gehören zu den wenigen Wurzelgemüsen, die roh ebenso gut schmecken wie gekocht.

Die Möhre stammt aus Zentralasien und war ursprünglich violett, schwarz, gelb und sogar weiß. Einem Niederländer gelang es im 18. Jahrhundert erstmals eine orangefarbene Möhre zu züchten. Bei modernen Züchtungen, die das ganze Jahr über verfügbar sind, legt man vor allem Wert darauf, dass die Wurzeln regelmäßig und gerade geformt und möglichst dick sind. Junge Möhren, auch Bundmöhren genannt, werden bundweise mit den grünen, fedrigen Blättern verkauft.

Möhren sollten eine glatte, regelmäßige Schale haben, keine Risse oder andere Verletzungen aufweisen und am Stielansatz nicht verschrumpelt oder braun sein. Möhren mit intensiver Orangefärbung enthalten mehr Betacarotin. Möhren, die am Stielansatz grüne Flecken haben, sollten Sie nicht kaufen, denn sie sind bitter. Abzuraten ist auch von sehr langen Exemplaren, die meist holzig und nicht sehr süß sind. Lose in einem Plastikbeutel verpackt halten sich Möhren im Gemüsefach des Kühlschranks mehrere Wochen.

Möhren werden in der Regel gekocht oder gedämpft. Ihr süßlicher Geschmack kommt besonders gut zur Geltung, wenn man sie zugedeckt langsam in etwas Butter oder Olivenöl kocht oder in Butter oder Olivenöl im Backofen gart. Möhren harmonieren besonders gut mit Butter, Dill, Minze, Petersilie, Sahne, Sauerrahm, Walnüssen und Mandeln, Honig, braunem Zucker, Rosinen, Orangen, Ingwer, Zimt, Muskat, Kardamom und Mohn.

PASTINAKEN

Die Pastinake, eine Verwandte der Möhre. Sie hat einen angenehm süßlichen Geschmack und ist reich an Vitamin C und Kalium.

Pastinaken werden ohne Blätter verkauft. Frische Pastinaken haben eine glatte, gleichmäßig cremefarbene Schale und dürfen sich nicht biegen lassen. Sie sollten schwer in der Hand liegen, keine Flecken oder Verletzungen aufweisen und dürfen nicht austreiben (denn dann sind sie meist holzig) oder braun aussehen. Lose in einen Plastikbeutel verpackt, halten sich Pastinaken im Gemüsefach des Kühlschranks etwa eine Woche.

Vor der Zubereitung stets die Stielansätze abschneiden. Die Pastinaken erst unmittelbar vor der Zubereitung schälen, da sie sich braun verfärben, wenn sie mit der Luft in Berührung kommen. Legen Sie sie jedoch niemals in Essig- oder Zitronenwasser, um dies zu verhindern, denn sie saugen sich mit dem Wasser voll.

Wenn man sie brät, werden sie außen saftig, goldbraun und süß und innen locker und leicht. Kalte gebratene Pastinaken schmecken köstlich in Salaten. Pastinaken nur kochen, wenn Sie sie als Püree zubereiten wollen (das Püree sollte man zum Schluss noch einmal erhitzen, damit das Wasser vollständig verdunstet). Pastinaken eignen sich auch hervorragend für Suppen, vor allem wenn man sie mit Kartoffeln kombiniert. Aus Pastinaken, Kartoffeln, Butter und Sahne lässt sich auch ein köstliches Püree herstellen. Geraspelt kann man sie außerdem wie Möhren für Puffer, Kuchen und Puddings verwenden.

Pastinaken passen hervorragend zu Sahne, Butter, Muskat, Walnüssen und Haselnüssen (und den daraus hergestellten Ölen), Orangen, Balsamico-Essig, Gruyère und Parmesan, Wurst, rohem und gekochtem Schinken, Wild-geflügel, Rindfleisch, Hähnchen und Lamm. Gerne kombiniert man sie auch mit Petersilie, Salbei, Thymian und Knoblauch.

SCHALOTTEN

Die längliche Schalotte ist mit der Zwiebel und dem Knoblauch verwandt. Sie ist jedoch milder im Geschmack und hat eine papierartige rosafarbene, gelbe oder kupferbraune Schale. Die Größe variiert. Am schmackhaftesten sind die kleinen rosafarbenen Schalotten.

Schalotten haben im Sommer Saison. Achten Sie beim Einkauf darauf, dass sie fest sind und eine glänzende, spröde Schale haben. In einer Papiertüte oder einem Netz sind Schalotten an einem kühlen, lichtgeschützten und gut durchlüfteten Platz mehrere Monate haltbar.

Damit sie sich leichter schälen lassen, die Schalotten vorher 5 Minuten in kochendes Wasser legen, abtrocknen und die Schale mit einem scharfen Messer von oben nach unten abziehen. Wenn Sie die Schalotten im Ganzen schmoren oder braten wollen, den Wurzelansatz nicht vollständig abschneiden, damit die Schalotten nicht auseinanderfallen.

SÜSSKARTOFFELN

Die ursprünglich in Mittel- und Südamerika beheimatete Süßkartoffel wurde von den Spaniern in Europa, Asien und Afrika verbreitet. In Afrika zählt sie heute zu den wichtigsten Grundnahrungsmitteln. Bei uns werden Süßkartoffeln das ganze Jahr über angeboten. Es gibt eine ganze Reihe von Sorten ganz unterschiedlicher Größe. Bei den Schalen kann die Farbpalette von dunkelviolett bis orange und gelblich reichen. Auch bei Farbe, Geschmack und Kocheigenschaften des Fleisches gibt es deutliche Unterschiede. Achten Sie beim Einkauf darauf, dass die Schale glatt und makellos ist und bewahren Sie Süßkartoffeln nicht länger als eine Woche an einem kühlen, lichtgeschützten und gut durchlüfteten Platz auf (Süßkartoffeln niemals einfrieren!). Süßkartoffeln werden genauso gegart wie Kartoffeln. Man kann daraus Pürees, Kartoffelpuffer und Salate zubereiten, sie braten, dämpfen oder backen.

Süßkartoffeln eignen sich hervorragend für Pies und Kuchen und passen sehr gut zu Ahornsirup, braunem Zucker, Honig, süßen Gewürzen (Zimt, Ingwer, Gewürznelken, Piment, Kardamom), Safran, gebratenem Fleisch, karamellisierten Zwiebeln, rohem und gekochtem Schinken, Salbei, Rosmarin und Koriander.

WEISSE RÜBEN UND STECKRÜBEN

Die Weiße Rübe war vermutlich die erste Gemüsepflanze, die man kultiviert hat. Die Steckrübe ist sehr viel jünger – sie entstand im 17. Jahrhundert aus der Kreuzung einer Weißen Rübe mit einem Kohl. Daher rührt vermutlich auch ihr senfartiger Geschmack.

Beide Wurzelgemüse sind rund und haben lange Blattstiele mit dunkelgrünen Blättern. Weiße Rüben haben ein cremeweißes Fleisch und eine weißliche Schale mit einem rotvioletten Rand. Steckrüben sind hellorange und haben einen grünlich roten Rand. Die dicke Schale muss vollständig entfernt werden.

Achten Sie beim Einkauf darauf, dass die Schale fest und hell ist. Steckrüben sollten eine makellose Schale haben und schwer in der Hand liegen. An einem kühlen, gut durchlüfteten Ort sind Weiße Rüben bis zu einer Woche, Steckrüben bis zu einem Monat haltbar.

Beide Rüben sollte man am besten dämpfen und nicht kochen, da sie beim Kochen leicht matschig werden. Man kann aus ihnen vorzügliche Pürees herstellen (die auch noch mit Kartoffeln, Pastinaken oder Möhren angereichert werden können) und geschmortem Fleisch und Gemüsesuppen eine süßliche Note verleihen. Sie schmecken aber auch köstlich als Gratin und Puffer. Weiße Rüben und Steckrüben harmonieren mit Sahne, Sauerrahm, Butter, Äpfeln, Birnen, Dill, Schnittlauch, Petersilie, Ente, Lamm- und Rindfleisch, Räucherfleisch, Cheddar und Gruyère.

ZWIEBELN

Zwiebeln sind das ganze Jahr über verfügbar. Von den etwa 300 Sorten verwenden wir vor allem die klassische Zwiebel mit hellbrauner Schale, die einen relativ scharfen Geschmack hat. Sie eignet sich am besten zum Kochen, denn zum Rohverzehr ist sie zu scharf.

Die **Rote Zwiebel** mit der mauvefarbenen Schale und dem rot umrandeten Fruchtfleisch ist milder und süßer und eignet sich für Salate, Salsas sowie alle Gerichte, die mit roher Zwiebel zubereitet werden. Man kann sie zwar auch kochen, in Speisen mit langer Garzeit büßt sie dabei allerdings an Geschmack ein. Die besonders **saftigen Gemüsezwiebeln** mit der gelben Schale schmecken süßlich mild und sind ideal zum Rohessen. **Weiße Zwiebeln** haben ein grünlich weißes Fruchtfleisch. Sie sind vielfach noch schärfer als braune Zwiebeln und eignen sich deshalb vor allem zum Kochen. **Lauchzwiebeln** haben einen Zuckergehalt von etwa 15 Prozent (die meisten Zwiebel enthalten dagegen lediglich 3–5 Prozent Zucker) und eine zarte, dünne Schale. Wegen ihres milden Geschmacks eignen sie sich hervorragend zum Rohverzehr. Bei **jungen Zwiebeln** handelt es sich gewöhnlich um kleine braune oder weiße Zwiebeln. Man kann sie im Ganzen einlegen, sie schmecken aber auch wunderbar in Schmor- und Gemüsegerichten.

Die Zwiebeln sollten fest sein, schwer in der Hand liegen und keine grünen Triebe haben. Die Schale sollte glänzen, fest anliegen, am Blattansatz geschlossen sein und muss sich absolut trocken anfühlen. Einen intensiven Zwiebelgeruch sollten Zwiebeln erst beim Schneiden verströmen. Zwiebeln stets an einem kühlen, lichtgeschützten und gut durchlüfteten Ort aufbewahren, denn Feuchtigkeit lässt sie schnell schimmeln – deshalb auch niemals neben Kartoffeln lagern! Bei richtiger Lagerung sind Zwiebeln mindestens einen Monat haltbar.

Zwiebeln harmonieren besonders gut mit Sardellen, Kapern, Oliven, Balsamico-Essig, Rindfleisch, Wild, Leber, allen Arten von gebratenem und gegrilltem Fleisch, Schinken, Thymian, Basilikum, Dill, Sauerrahm, Feta, Parmesan, Gruyère und Blauschimmelkäse, Rosinen, Tomaten, Rotwein und Rosmarin.

GARNELEN MIT SAFRANKARTOFFELN
FÜR 4 PERSONEN

16 rohe Garnelen

4 EL Olivenöl

450 g neue Kartoffeln, halbiert

einige Safranfäden, leicht geröstet
   und zerdrückt

Meersalz und frisch gemahlener schwarzer
   Pfeffer

1 Knoblauchzehe, zerdrückt

1 rote Chilischote, die Samen entfernt
   und fein gehackt

abgeriebene Schale von ½ unbehandelten
   Limette oder Zitrone

3 EL frisch gepresster Limettensaft

200 g junger Rucola, geputzt

Den Backofen auf 160 °C vorheizen. Die Garnelen schälen, längs einschneiden und jeweils die schwarzen Darmfäden entfernen (dabei darauf achten, dass die Garnelenschwänze ganz bleiben). Die Garnelen abspülen, trocken tupfen und beiseitestellen.

2 EL Olivenöl in einer großen Pfanne erhitzen und die Kartoffeln darin in 6–7 Minuten bei mittlerer Hitze goldbraun braten, ohne sie zu wenden. In eine Auflaufform füllen, mit Safran, etwas Meersalz und Pfeffer würzen und in 25 Minuten im Backofen weich garen.

Eine Grillpfanne oder Grillplatte auf mittlerer Stufe vorheizen.

Garnelen in einer Schüssel mit Knoblauch, Chili, Limetten- oder Zitronenschale und 1 EL Olivenöl mischen und auf jeder Seite 2 Minuten bei mittlerer Hitze grillen, bis sie rosa und gerade durchgegart sind.

Limettensaft und restliches Olivenöl in ein kleines Schraubglas füllen. Das Glas verschließen und kräftig schütteln, bis der Saft und das Öl gut miteinander vermischt sind. Anschließend mit Meersalz und Pfeffer abschmecken.

Kartoffeln, Rucola und Garnelen auf vier Tellern anrichten und mit dem Dressing beträufeln.

KNOBLAUCHHÄHNCHEN
FÜR 4 PERSONEN

10 g Butter
1 EL Olivenöl
2 Bio-Hähnchen à 1 kg
40 Knoblauchzehen (siehe Anmerkung)
2 EL fein gehackte Rosmarinnadeln
2 Zweige Thymian
275 ml trockener Weißwein
150 ml Hühnerbrühe
225 g Mehl

Den Backofen auf 160 °C vorheizen.

In einer großen Kasserolle mit fest schließendem Deckel die Butter mit dem Olivenöl zerlassen, die Hähnchen darin etwa 8 Minuten bei mittlerer Hitze rundherum anbraten und anschließend aus der Kasserolle nehmen.

Die ungeschälten Knoblauchzehen mit Rosmarin und Thymian in die Kasserolle geben und 1 Minute anbraten. Die Hähnchen wieder in die Kasserolle legen, Weißwein und Brühe angießen und aufkochen lassen. Die Hähnchen dabei häufig mit der Flüssigkeit begießen.

Das Mehl in einer Schüssel mit 150 ml Wasser zu einer dicken Paste verrühren, in vier gleiche Portionen teilen und zu Rollen formen. Die Teigrollen so um den Rand der Kasserolle verteilen, dass er vollständig mit Teig ausgekleidet ist. Den Deckel auflegen, gut andrücken und die Hähnchen 75 Minuten im Backofen garen.

Den Deckel anschließend vorsichtig abnehmen und die Hähnchen in weiteren 15 Minuten goldbraun braten. Auf eine vorgewärmte Platte legen, mit Alufolie abdecken und etwas ruhen lassen.

Inzwischen die Garflüssigkeit aufkochen und bei mittlerer Hitze in 7–10 Minuten auf etwa 250 ml einkochen lassen.

Die Hähnchen tranchieren. Die Schalen der Knoblauchzehen einstechen und das Knoblauchfleisch direkt auf die Hähnchen pressen. Mit der Jus begießen und servieren.

ANMERKUNG: Seien Sie unbesorgt wegen des vielen Knoblauchs. So gegart wird er cremig-weich und mild im Aroma.

MEERESFRÜCHTE MIT KNOBLAUCH
FÜR 6 PERSONEN

6 rohe Bärenkrebse oder Scampi
500 g rohe Garnelen
50 g Butter
1 Zwiebel, fein gehackt
5–6 große Knoblauchzehen, fein gehackt
125 ml Weißwein
500 g Sahne
1½ EL Dijonsenf
2 TL frisch gepresster Zitronensaft
500 g Flussbarschfilets, enthäutet und in
   mundgerechte Würfel geschnitten
12 Jakobsmuscheln mit Rogen, gesäubert
2 EL fein gehackte glatte Petersilie
Meersalz und frisch gemahlener schwarzer
   Pfeffer
knuspriges Brot

Die Köpfe der Bärenkrebse oder Scampi abtrennen. Die Panzer auf beiden Seiten des Schwanzes mit einer Küchenschere aufschneiden und aufklappen. Jeweils die schwarzen Darmfäden entfernen und das Fleisch in einem Stück herauslösen.

Die Garnelen schälen, längs einschneiden und jeweils die schwarzen Darmfäden entfernen (dabei darauf achten, dass die Garnelenschwänze ganz bleiben). Die Garnelen abspülen, trocken tupfen und beiseitestellen.

Die Butter in einer Pfanne zerlassen und darin die Zwiebel und den Knoblauch in 2 Minuten bei mittlerer Hitze weich dünsten. Wein angießen und um die Hälfte einkochen lassen. Sahne, Senf und Zitronensaft einrühren und die Flüssigkeit in 5–6 Minuten bei geringer Hitze um etwa die Hälfte einkochen lassen.

Die Garnelen in die Pfanne geben und 1 Minute erhitzen. Das Krebs- oder Scampifleisch hinzufügen und 1 Minute kochen, bis es nicht mehr durchsichtig ist. Die Fischfilets dazugeben und 2 Minuten garen, bis sich das Fleisch mühelos mit einer Gabel klein zupfen lässt. Zum Schluss die Jakobsmuscheln hinzufügen und alles noch 1 Minute garen.

Die Pfanne vom Herd nehmen, Petersilie untermischen und mit Meersalz und Pfeffer abschmecken. Die Meeresfrüchte mit Brot anrichten. Dazu passt ein gemischter Salat.

VARIANTE: Den Flussbarsch durch einen anderen Fisch mit festem, weißem Fleisch, z. B. Lengfisch, Brasse oder Snapper, ersetzen.

KARTOFFELCHIPS MIT SALBEI
FÜR 4–6 PERSONEN ALS SNACK ODER ZUM APERITIF

2 große festkochende Kartoffeln
2 EL Olivenöl
25 Salbeiblätter
Meersalz zum Bestreuen

Den Backofen auf 180 °C vorheizen. Die Kartoffeln mit einem breiten, scharfen Messer oder einem Gemüsehobel der Länge nach in 50 hauchdünne Scheiben schneiden. Die Kartoffelscheiben anschließend im Olivenöl wenden.

Zwei Backbleche mit Backpapier auslegen. Jeweils 1 Salbeiblatt zwischen 2 Kartoffelscheiben legen und mit Meersalz bestreuen.

Die Kartoffelpaare auf den Backblechen verteilen, ohne dass sie sich überlappen, und in 25–30 Minuten im Backofen goldbraun und knusprig rösten. Die Chips nach der Hälfte der Backzeit wenden und darauf achten, dass sie nicht verbrennen (einige Chips sind möglicherweise schneller gar als der Rest). Chips heiß servieren.

SÜSSKARTOFFELRÖSTI
ERGIBT ETWA 30 STÜCK

2 Süßkartoffeln (etwa 800 g)
2 EL Maisstärke
½ TL Meersalz
40 g Butter
150 g Mozzarella, in 30 Stücke zerteilt

Die ungeschälten Süßkartoffeln 15 Minuten kochen, bis sie gerade gar sind. Abkühlen lassen, pellen, grob reiben und vorsichtig mit Maisstärke und Meersalz vermengen.

Inzwischen den Backofen auf 100 °C vorheizen.

Etwas Butter bei mittlerer Hitze in einer beschichteten Pfanne erhitzen. Mit einem Teelöffel Klößchen von der Kartoffelmasse abstechen, in die Pfanne geben und ein Stück Käse daraufsetzen. Mit einem zweiten Teelöffel Kartoffelmasse bedecken und zu kleinen Scheiben flach drücken. Die Rösti auf jeder Seite in 3 Minuten goldbraun backen.

Rösti mit einer Schaumkelle aus der Pfanne heben und auf Küchenpapier abtropfen lassen. Im Backofen warm halten, bis die übrigen Rösti fertig sind. Heiß servieren.

TIPP: Die Süßkartoffeln können bis zu zwei Stunden im Voraus gegart werden. Anschließend abdecken und bis zur Weiterverarbeitung beiseitestellen.

Süsskartoffel-Kürbis-Pies
Ergibt 8 Stück

2 EL Pflanzenöl und Öl für das Backblech
1 Zwiebel, fein gehackt
2 Knoblauchzehen, zerdrückt
1 TL frisch geriebener Ingwer
1 kleine rote Chilischote, die Samen entfernt und fein gehackt
1 kleine Süßkartoffel (250 g), geschält und klein geschnitten
250 g Winterkürbis, geschält und klein geschnitten
½ TL Fenchelsamen
½ TL gelbe Senfkörner
½ TL gemahlene Kurkuma
½ TL gemahlener Kreuzkümmel
150 ml Kokosmilch
3 EL fein gehacktes Koriandergrün
4 Platten tiefgekühlter Blätterteig, aufgetaut
1 Eigelb

Das Öl in einem Topf erhitzen und darin Zwiebel, Knoblauch, Ingwer und Chili in 5 Minuten bei mittlerer Hitze weich dünsten. Süßkartoffel, Kürbis, Fenchel, Senfkörner, Kurkuma und Kreuzkümmel dazugeben und 2 Minuten unter Rühren erhitzen. Die Kokosmilch und 2 EL Wasser einrühren und das Gemüse in 20 Minuten bei geringer Hitze weich garen. Dabei gelegentlich umrühren. Koriander hinzufügen und den Topf beiseitestellen.

Ein großes Backblech einfetten. Aus dem Blätterteig acht Kreise (à etwa 9 cm Ø) ausstechen und auf dem Blech verteilen. Jeweils etwas Gemüse in die Mitte der Scheiben geben und verstreichen (dabei einen 1 cm breiten Rand frei lassen). Die Teigränder mit etwas Wasser bepinseln.

Aus dem restlichen Teig mit einem Ausstecher oder scharfen Messer Kreise ausschneiden (à etwa 10 cm Ø) und über die Füllung legen. Die Ränder fest andrücken und mit dem Messerrücken im Abstand von 1 cm etwas einkerben. Die Pies anschließend mindestens 20 Minuten im Kühlschrank ruhen lassen.

Inzwischen den Backofen auf 170 °C vorheizen.

Das Eigelb mit 1 TL Wasser verquirlen, die Pies damit bepinseln, in 20–25 Minuten goldbraun backen und warm servieren.

KÜRBIS-BOHNEN-SUPPE
FÜR 4–6 PERSONEN

350 g getrocknete Borlotti-Bohnen oder
   andere getrocknete Bohnen, über Nacht
   in reichlich kaltem Wasser eingeweicht
1 kg Butternusskürbis, geschält, die Kerne
   entfernt und klein geschnitten
2 große mehligkochende Kartoffeln,
   geschält und klein geschnitten
2 l Hühnerbrühe
1 EL Olivenöl
1 rote Zwiebel, gehackt
2 Knoblauchzehen, fein gehackt
1 Stange Sellerie, in Scheiben geschnitten
6–8 Salbeiblätter, fein gehackt
frisch gemahlener schwarzer Pfeffer
knuspriges italienisches Brot

Die eingeweichten Bohnen gründlich abspülen, in einen Topf geben und mit reichlich kaltem Wasser bedecken. Aufkochen lassen und in 1½ Stunden bei geringer Hitze weich garen. Abgießen, gut abtropfen lassen und beiseitestellen.

Den Kürbis und die Kartoffeln in einen großen Topf geben und die Brühe angießen. Aufkochen lassen und in 35–40 Minuten bei geringer Hitze weich garen. Abgießen (dabei die Kochflüssigkeit auffangen) und gut abtropfen lassen. Kürbis und Kartoffeln mit einer Gabel oder einem Kartoffelstampfer zerdrücken, wieder in den Topf zu der Kochflüssigkeit geben und die Bohnen untermischen.

Das Olivenöl in einer Kasserolle erhitzen und darin Zwiebel, Knoblauch und Sellerie in 6–7 Minuten bei mittlerer Hitze weich dünsten. Mit dem Salbei in die Suppe geben, mit Pfeffer abschmecken und noch einmal kurz erhitzen.

Die Suppe mit knusprigem Brot servieren.

Ravioli mit Süsskartoffelfüllung
Für 4 Personen

500 g Süßkartoffeln, geschält und in
    2 cm große Stücke geschnitten
3 EL Olivenöl
150 g Ricotta
2 EL geriebener Parmesan
1 EL fein gehacktes Basilikum
3 Knoblauchzehen, zerdrückt
Meersalz und frisch gemahlener schwarzer
    Pfeffer
500 g Wan-Tan-Blätter
60 g Butter
300 g Sahne
Basilikumblättchen zum Garnieren
    (nach Belieben)

Den Backofen auf 200 °C vorheizen. Die Süßkartoffeln auf einem Backblech verteilen, mit Olivenöl beträufeln und in 40–45 Minuten weich garen.

Die Süßkartoffeln in eine Schüssel umfüllen, mit Ricotta, Parmesan, Basilikum und 1 Knoblauchzehe zu einer glatten Masse zerdrücken und mit Meersalz und Pfeffer abschmecken.

Ein Backblech mit Backpapier auslegen. Die Wan-Tan-Blätter mit einem feuchten Geschirrtuch abdecken, damit sie nicht austrocknen. 2 gestrichene TL der Süßkartoffelmasse jeweils in die Mitte eines Wan-Tan-Blattes geben, ein zweites Blatt darauflegen und die Ränder gut andrücken. Auf das Backblech legen und mit einem Geschirrtuch abdecken. Auf diese Weise insgesamt etwa 24 Ravioli herstellen. Wenn die Ravioli auf dem Backblech übereinander liegen, ein Stück Backpapier dazwischenlegen.

Die Butter in einer Pfanne zerlassen und den restlichen Knoblauch darin 1 Minute bei mittlerer Hitze anbraten. Die Sahne angießen, aufkochen und 4–5 Minuten bei geringer Hitze eindicken lassen. Die Sauce dann zudecken und warm halten.

In einem großen Topf Wasser zum Kochen bringen und die Ravioli darin portionsweise 2–4 Minuten garen, bis sie gerade weich sind. Gut abtropfen lassen und in vorgewärmten tiefen Tellern anrichten. Mit der heißen Sauce begießen, nach Belieben mit Basilikumblättchen bestreuen und servieren.

PIKANTE KÜRBIS-LINSEN-TAGINE
FÜR 4–6 PERSONEN

275 g braune Linsen, abgespült
2 Eiertomaten
600 g festes Kürbisfleisch oder
  Butternusskürbis
3 EL Olivenöl
1 Zwiebel, fein gehackt
3 Knoblauchzehen, fein gehackt
½ TL gemahlener Kreuzkümmel
½ TL gemahlene Kurkuma
1 Prise Cayennepfeffer
1 TL edelsüßes Paprikapulver
3 TL Tomatenmark
½ TL Zucker
1 EL fein gehackte glatte Petersilie
2 EL fein gehacktes Koriandergrün
Meersalz und frisch gemahlener schwarzer
  Pfeffer
Pitabrot

Die Linsen mit 1 Liter kaltem Wasser in einen Topf geben und aufkochen lassen. Abschäumen, den Deckel auflegen und die Linsen 20 Minuten bei geringer Hitze köcheln lassen, bis sie fast weich sind. Anschließend abgießen und gut abtropfen lassen.

Inzwischen die Tomaten quer halbieren und die Samen herauspressen. Das Fruchtfleisch grob reiben und die Schalen wegwerfen.

Den Kürbis schälen, die Kerne entfernen und das Fruchtfleisch in 3 cm große Würfel schneiden.

Das Olivenöl in einer großen Kasserolle erhitzen und die Zwiebel darin in 6–7 Minuten bei geringer Hitze weich dünsten. Knoblauch hinzufügen und einige Sekunden anbraten. Kreuzkümmel, Kurkuma und Cayennepfeffer einrühren und 30 Sekunden anbraten, bis die Gewürze ihr Aroma entfalten.

Geriebene Tomaten, Paprikapulver, Tomatenmark, Zucker und die Hälfte der Kräuter hinzufügen und mit Meersalz und Pfeffer abschmecken.

Die Linsen und den Kürbis in den Topf geben, gut umrühren, den Deckel auflegen und das Gemüse 20 Minuten bei geringer Hitze sehr weich garen. Noch einmal abschmecken, mit der restlichen Petersilie und dem restlichen Koriandergrün bestreuen und heiß oder warm mit Pitabrot servieren.

KARTOFFEL-APFEL-GRATIN
FÜR 6 PERSONEN ALS BEILAGE

Fett für die Form
2 große Kartoffeln
3 Äpfel (Granny Smith)
1 Zwiebel
60 g Cheddar, fein gerieben
250 g Sahne
1 Msp. frisch geriebene Muskatnuss
frisch gemahlener schwarzer Pfeffer

Den Backofen auf 160 °C vorheizen und eine große, flache Auflaufform einfetten.

Die Kartoffeln schälen und in hauchdünne Scheiben schneiden. Äpfel schälen, halbieren, die Kerngehäuse entfernen und das Fruchtfleisch in hauchdünne Scheiben schneiden. Zwiebel schälen und in sehr feine Ringe schneiden.

Kartoffeln, Äpfel und Zwiebel abwechselnd in die Form schichten und mit einer Schicht Kartoffeln abschließen. Den Käse darüberstreuen, die Sahne darübergießen und mit Muskat und Pfeffer würzen.

Das Gratin 45 Minuten backen, bis es oben leicht gebräunt ist und die Kartoffeln weich sind. Aus dem Backofen nehmen und vor dem Servieren 5 Minuten ruhen lassen.

TIPP: Die Kartoffel- und die Apfelscheiben nach dem Schneiden in eine Schüssel mit kaltem Zitronenwasser legen, damit sie nicht braun werden. Unmittelbar vor der Weiterverarbeitung abgießen und mit Küchenpapier trocken tupfen.

Tarte Tatin mit Schalotten
Für 6 Personen

Für den Belag
750 g große braune Schalotten
50 g Butter und Butter für die Form
2 EL Olivenöl
4 EL feiner Rohzucker
3 EL Balsamico-Essig

Für den Teig
125 g Mehl und Mehl für die Arbeitsfläche
1 Prise Meersalz
60 g kalte Butter in kleinen Stücken
2 TL grobkörniger Senf
1 Eigelb, mit 1 EL Eiswasser verquirlt

Die Schalotten 5 Minuten in kochendes Wasser legen, damit sie sich leichter schälen lassen. Gut abtropfen und etwas abkühlen lassen und die Schalotten dann schälen. Dabei darauf achten, dass die Wurzelansätze nicht beschädigt werden.

Die Butter und das Olivenöl in einer großen Pfanne erhitzen und die Schalotten darin 15 Minuten bei geringer Hitze anschwitzen, bis sie weich zu werden beginnen. Die Schalotten dabei ständig wenden. Zucker, Essig und 3 EL Wasser hinzufügen und so lange rühren, bis sich der Zucker aufgelöst hat. Die Schalotten weitere 15–20 Minuten bei geringer Hitze garen, bis die Flüssigkeit sirupartig eingekocht ist. Schalotten dabei gelegentlich wenden.

Für den Teig das Mehl mit dem Meersalz in eine große Schüssel sieben. Butter und Senf mit den Fingerspitzen vorsichtig unter das Mehl kneten, bis ein krümeliger Teig entstanden ist. Eine Mulde in die Mitte des Teigs drücken, das verquirlte Eigelb hineingießen und die Zutaten mit einem Messer mit breiter Klinge zu einem Teig verarbeiten. Den Teig zu einer Kugel formen, auf die leicht bemehlte Arbeitsfläche legen und zu einer Scheibe flach drücken. In Frischhaltefolie einschlagen und 30 Minuten im Kühlschrank ruhen lassen, bis er fest ist.

Inzwischen den Backofen auf 180 °C vorheizen.

Eine Tarteform (20 cm Ø) mit Butter einfetten. Die Schalotten dicht an dicht in die Form schichten und mit der Garflüssigkeit begießen.

Den Teig auf einem Stück Backpapier zu einer 1 cm dicken Scheibe ausrollen, die etwas größer als die Form sein sollte. Den Teig auf die Schalotten legen und am Rand leicht nach unten drücken, sodass die Schalotten davon umschlossen sind. Die Tarte in 20–25 Minuten goldbraun backen.

Anschließend aus dem Ofen nehmen, 5 Minuten auf einem Kuchengitter abkühlen lassen, danach vorsichtig auf eine Platte stürzen und warm servieren.

Die Schalottentarte genießt man am besten ganz frisch.

ZWIEBELKUCHEN
FÜR 6 PERSONEN

FÜR DEN TEIG
250 g Mehl und Mehl für die Arbeitsfläche
1 Prise Meersalz
150 g kalte Butter in kleinen Stücken
75 ml Eiswasser

FÜR DEN BELAG
50 g Butter
550 g Zwiebeln, in dünne Scheiben
  geschnitten
2 TL Thymianblätter
3 Eier
275 g Crème double
60 g Gruyère, gerieben
Meersalz und frisch gemahlener schwarzer
  Pfeffer
frisch geriebene Muskatnuss

Für den Teig das Mehl mit dem Meersalz in eine große Schüssel sieben. Die Butter mit den Fingerspitzen vorsichtig unter das Mehl kneten, bis ein krümeliger Teig entstanden ist. Eine Mulde in die Mitte des Teigs drücken, das Eiswasser hineingießen und die Zutaten mit einem Messer mit breiter Klinge zu einem Teig verarbeiten. Den Teig zu einer Kugel formen, auf die leicht bemehlte Arbeitsfläche legen und zu einer Scheibe flach drücken. In Frischhaltefolie einschlagen und 30 Minuten im Kühlschrank ruhen lassen.

Inzwischen den Backofen auf 160 °C vorheizen.

Den Teig auf der leicht bemehlten Arbeitsfläche zu einer Scheibe ausrollen (sie sollte so groß sein, dass man damit den Boden und die Wände einer Springform (23 cm Ø) auskleiden kann). Die Form vorsichtig mit dem Teig auskleiden, den Teig mit Backpapier abdecken und mit getrockneten Hülsenfrüchten oder rohem Reis beschweren.

Den Teig 10 Minuten blindbacken, anschließend Hülsenfrüchte oder Reis und das Backpapier entfernen und den Teig weitere 3–5 Minuten backen, bis er gerade durchgebacken ist und sich trocken anfühlt.

Inzwischen die Butter in einer Pfanne zerlassen und die Zwiebeln darin in 10–15 Minuten bei geringer Hitze goldbraun anschwitzen. Thymian unterrühren und abkühlen lassen.

Die Eier mit der Crème double verrühren, den Käse hinzufügen und mit Meersalz, Pfeffer und etwas Muskat abschmecken.

Die Zwiebeln auf dem Teig verteilen und glatt streichen. Die Eiermischung darübergießen und den Kuchen 35–40 Minuten backen, bis er goldbraun ist und die Eier in der Mitte gestockt sind.

Den Kuchen aus dem Ofen nehmen, vor dem Aufschneiden 5 Minuten in der Form abkühlen lassen und heiß oder warm servieren.

Der Zwiebelkuchen schmeckt am besten frisch.

SÜSS-SAURE ZWIEBELN
FÜR 6 PERSONEN ALS BEILAGE

3 rote Zwiebeln (etwa 500 g)
2 EL grobkörniger Senf
2 EL Honig
2 EL Rotweinessig
2 EL Olivenöl

Den Backofen auf 200 °C vorheizen.

Die Zwiebeln schälen und dabei darauf achten, dass die Wurzelansätze nicht beschädigt werden, damit die Zwiebeln nicht auseinanderfallen. Die Zwiebeln der Länge nach achteln und in eine beschichtete Auflaufform schichten.

Die restlichen Zutaten verrühren und die Zwiebeln damit beträufeln. Die Form zudecken und die Zwiebeln 20 Minuten im Backofen garen. Den Deckel anschließend abnehmen und die Zwiebeln weitere 15–20 Minuten garen, bis sie weich und karamellisiert sind. Heiß servieren.

FRANZÖSISCHE ZWIEBELSUPPE
FÜR 6 PERSONEN

60 g Butter
700 g Zwiebeln, in dünne Scheiben geschnitten
2 Knoblauchzehen, fein gehackt
4 EL Mehl
2 l Rinder- oder Hühnerbrühe
250 ml Weißwein
1 Lorbeerblatt
2 Zweige Thymian
Meersalz und frisch gemahlener schwarzer Pfeffer
12 Scheiben Baguette (vom Vortag)
100 g Gruyère, gerieben

Die Butter bei geringer Hitze in einer Kasserolle zerlassen und die Zwiebeln darin in 25 Minuten goldbraun anschwitzen. Dabei gelegentlich umrühren.

Knoblauch und Mehl hinzufügen und das Ganze weitere 2 Minuten unter Rühren erhitzen. Nach und nach die Brühe und den Wein angießen und dabei ständig umrühren, damit sich keine Klümpchen bilden. Aufkochen lassen, das Lorbeerblatt und den Thymian dazugeben, den Deckel auflegen und die Zwiebeln 25 Minuten bei geringer Hitze köcheln lassen. Anschließend Lorbeerblatt und Thymian entfernen und die Suppe mit Meersalz und Pfeffer abschmecken.

Den Backofengrill vorheizen. Die Baguettescheiben auf einem Backblech verteilen und auf beiden Seiten unter dem Grill rösten. Die Scheiben auf sechs vorgewärmte feuerfeste Suppenschalen verteilen und die Suppe einfüllen. Den Käse darüberstreuen und unter dem Backofengrill schmelzen und etwas bräunen lassen. Die Suppe sofort servieren.

Risotto mit Möhre und Kürbis

FÜR 6 PERSONEN

90 g Butter

1 Zwiebel, fein gehackt

400 g Winterkürbis, geschält, die Kerne entfernt und fein gehackt (Sie benötigen 300 g Fruchtfleisch)

3 Möhren, gehackt

etwa 2 l Gemüse- oder Hühnerbrühe

450 g Risottoreis

90 g Pecorino oder Parmesan, in Späne gehobelt

1 Msp. frisch geriebene Muskatnuss

½ TL Thymianblätter

frisch gemahlener schwarzer Pfeffer

50 g Butter in einer Kasserolle erhitzen und die Zwiebel bei mittlerer Hitze 2–3 Minuten darin anschwitzen, bis sie beginnt weich zu werden.

Den Kürbis und die Möhren dazugeben und in 6–8 Minuten weich garen. Das Gemüse anschließend mit dem Kartoffelstampfer leicht zerdrücken.

Inzwischen in einem zweiten Topf die Brühe aufkochen, zudecken und bei geringer Hitze köcheln lassen.

Den Reis zum Gemüse geben und 1–2 Minuten unter Rühren glasig anschwitzen. 125 ml Brühe angießen und den Reis unter Rühren kochen lassen, bis er die Flüssigkeit vollständig aufgesogen hat. Den Vorgang so lange wiederholen (20–25 Minuten), bis der Reis weich und cremig ist (Sie benötigen eventuell etwas weniger oder etwas mehr Brühe).

Den Risotto vom Herd nehmen, restliche Butter, Käse, Muskat und Thymian unterrühren und mit Pfeffer abschmecken. Zudecken und vor dem Servieren 5 Minuten ruhen lassen.

TUNESISCHER MÖHRENSALAT
FÜR 6 PERSONEN ALS BEILAGE

500 g Möhren, in dünne Scheiben
   geschnitten
Meersalz
3 EL fein gehackte glatte Petersilie
1 TL gemahlener Kreuzkümmel
4 EL Olivenöl
3 EL Rotweinessig
2 Knoblauchzehen, zerdrückt
etwa ½ TL Harissa (siehe Anmerkung)
frisch gemahlener schwarzer Pfeffer
2–3 TL Honig (nach Belieben)
12 schwarze Oliven
2 hart gekochte Eier, gepellt und
   geviertelt

Die Möhren in kochendem Salzwasser weich garen, gut abtropfen lassen und in eine Schüssel füllen.

Petersilie, Kreuzkümmel, Olivenöl, Essig, Knoblauch und Harissa hinzufügen und mit Meersalz und Pfeffer würzen. Sind die Möhren nicht süß genug, noch etwas Honig darüberträufeln und die Zutaten dann vorsichtig vermischen.

Den Möhrensalat vor dem Servieren in eine Servierschüssel füllen, mit den Oliven bestreuen und mit den Eiervierteln garnieren. Zimmerwarm servieren.

ANMERKUNG: Harissa ist eine scharfe Chilipaste, die sich in der nordafrikanischen Küche großer Beliebtheit erfreut. Die Paste ist in Delikatessengeschäften und afrikanischen Lebensmittelläden erhältlich, man kann sie aber auch selbst herstellen. Das folgende Rezept ist für ein 600-Gramm-Glas berechnet. Im Kühlschrank ist Harissa bis zu sechs Monate haltbar. Sie schmeckt köstlich in Taginen und Couscous, man kann damit aber auch Suppen, Salatsaucen, Marinaden, Pastasaucen, Schmorgerichte und Salate aus Hülsenfrüchten verfeinern.
125 g getrocknete rote Chilischoten von den Stielen befreien. Die Schoten grob hacken und 1 Stunde in kochendem Wasser einweichen. Anschließend abgießen und mit 1 EL getrockneten Minzeblättern, 1 EL gemahlenem Koriander, 1 EL gemahlenem Kreuzkümmel, 1 TL Kümmelkörnern, ½ TL Meersalz, 10 gehackten Knoblauchzehen und 1 EL Olivenöl 20 Sekunden im Mixer verrühren. Die Wände des Mixbechers mit einem Schaber säubern und die Paste noch einmal 30 Sekunden verrühren. Weitere 2 EL Olivenöl hinzufügen und das Ganze erneut vermischen. Erneut 2–3 EL Olivenöl hinzufügen und alles zu einer dicken Paste verrühren. Die Paste in ein heißes, sterilisiertes Schraubglas füllen (siehe Anmerkung Seite 69), mit einer dünnen Schicht Olivenöl bedecken und luftdicht verschließen. Das Datum auf dem Glas vermerken und die Harissa im Kühlschrank aufbewahren.

ENTE MIT WEISSEN RÜBEN
FÜR 2 PERSONEN

1 Ente (etwa 1,8 kg)
1 Bouquet garni
30 g Butter, geklärt
1 Möhre, gehackt
1 Stange Sellerie, gehackt
½ große Zwiebel, gehackt
2 TL Zucker
8 Schalotten, geschält
8 junge weiße Rüben, geschält
100 ml Weißwein
500 ml Hühnerbrühe
10 g weiche Butter
2 TL Mehl

Den Backofen auf 160 °C vorheizen und einen Bräter darin erhitzen.

Die Ente mit dem Bouquet garni füllen, die Keulen mit Küchengarn zusammenbinden und die Flügelspitzen unter dem Körper zusammenbinden. Die Haut mit einem Metallspieß rundherum einstechen.

Die geklärte Butter in einer großen Pfanne zerlassen und die Ente darin rundherum anbraten. Anschließend aus der Pfanne nehmen und das Fett bis auf 1 EL in ein Kännchen füllen.

Möhre, Sellerie und Zwiebel in die Pfanne geben und in 5–6 Minuten bei mittlerer Hitze weich dünsten. Das Gemüse anschließend herausnehmen und beiseitestellen.

2 EL Entenfett in die Pfanne geben, den Zucker hinzufügen und bei geringer Hitze schmelzen lassen. Die Schalotten und die Rüben dazugeben, einige Minuten bei starker Hitze goldbraun braten und dabei stetig wenden. Das Gemüse dann aus der Pfanne nehmen und beiseitestellen.

Den Wein in die Pfanne gießen, aufkochen und den Bratfond vom Pfannenboden loskochen.

Möhre, Sellerie und Zwiebel in der Mitte des heißen Bräters verteilen, die Ente darauflegen, den Wein und die Brühe angießen und die Ente 45 Minuten im Backofen garen.

Die Ente danach mit dem Bratfond begießen, die Rüben und die Schalotten dazugeben und die Ente weitere 20 Minuten braten. Anschließend noch einmal mit dem Bratfond begießen und weitere 25 Minuten braten.

Die Ente, Rüben und Schalotten aus dem Bräter nehmen und warm stellen. Die Sauce durch ein Sieb passieren, das Gemüse dabei gut ausdrücken und anschließend wegwerfen.

Die Sauce in einer Kasserolle um die Hälfte reduzieren. Die Butter mit dem Mehl verkneten und unter die Sauce rühren. Die Sauce 2 Minuten kochen lassen, bis sie eingedickt ist. Dabei ständig umrühren, damit sich keine Klümpchen bilden.

Die Ente mit den Schalotten und den Rüben auf einer Servierplatte anrichten, mit etwas Sauce überziehen und die restliche Sauce getrennt dazu servieren.

FINNISCHER STECKRÜBENAUFLAUF
FÜR 6–8 PERSONEN ALS BEILAGE

Fett für die Form
1,5 kg Steckrüben (etwa 4 Stück), geschält
   und in 4 cm große Stücke geschnitten
Meersalz
125 g Sahne
2 Eier, verquirlt
1 Eigelb
3 EL Mehl
½ TL frisch geriebene Muskatnuss
1 kleine Prise Knoblauchpulver
frisch gemahlener schwarzer Pfeffer
100 g frische Semmelbrösel (siehe Tipp
   Seite 73)
50 g Butter, in kleinen Stücken
4 Salbeiblätter, fein gehackt

Den Backofen auf 160 °C vorheizen. Eine große, flache Auflaufform einfetten.

Die Rüben in 40 Minuten in Salzwasser weich garen oder 25 Minuten dämpfen. Anschließend gut abtropfen lassen, wieder in den Topf füllen und mit dem Kartoffelstampfer nicht zu fein zerdrücken.

Den Topf wieder auf den Herd stellen und die Rüben 5–7 Minuten bei mittlerer Hitze kochen lassen, bis die Flüssigkeit vollständig verdunstet ist. Die Rüben dann vom Herd nehmen und etwas abkühlen lassen.

Sahne, Eier, Eigelb, Mehl und Gewürze unter das grobe Rübenpüree rühren und mit Meersalz und Pfeffer abschmecken. Die Masse in die Auflaufform füllen und glatt streichen.

Die Semmelbrösel im Mixer mit der Butter zu einer krümeligen Masse verrühren, den Salbei hinzufügen und die Rüben damit bestreuen. Den Auflauf in 30–35 Minuten goldbraun backen und heiß oder warm zu gebratenem oder gegrilltem Fleisch servieren.

VARIANTE: Die Steckrüben können nach Belieben auch durch weiße Rüben ersetzt werden.

PASTINAKENPUFFER MIT PEKANNÜSSEN
FÜR 4 PERSONEN ALS VORSPEISE ODER BEILAGE

FÜR DIE SCHNITTLAUCH-CHILI-CREME
200 g Sauerrahm
1 EL Schnittlauchröllchen
1 TL frisch gepresster Zitronensaft
2 EL süße Chilisauce
3–4 Tropfen Tabasco

3 Pastinaken (etwa 400 g)
Meersalz
1 Ei
3 EL Mehl
1 EL fein gehackte Petersilie
50 g Butter, zerlassen
3 EL Milch
75 g Pekannusskerne, grob gehackt
1 Prise Cayennepfeffer
frisch gemahlener schwarzer Pfeffer
250 ml Pflanzenöl

In einer kleinen Schüssel die Zutaten für die Creme verrühren, zudecken und bis zum Servieren kalt stellen.

Die Pastinaken schälen, in Stücke schneiden und sofort in einen Topf mit kochendem Salzwasser geben. In 15–20 Minuten bei geringer Hitze weich garen, abgießen, abtropfen und etwas abkühlen lassen.

Inzwischen den Backofen auf 100 °C vorheizen.

Die Pastinaken durch die Kartoffelpresse drücken oder in der Küchenmaschine pürieren und die Fasern entfernen. Das Püree in eine Schüssel füllen, mit Ei, Mehl, Petersilie, zerlassener Butter, Milch, gehackten Nüssen und Cayennepfeffer vermengen und mit Meersalz und Pfeffer abschmecken.

Das Öl bei mittlerer Hitze in einer Pfanne erhitzen. 3–4 gehäufte EL Pastinakenpüree in die Pfanne geben, mit dem Löffelrücken etwas flach drücken und die Puffer auf beiden Seiten goldbraun backen. Mit einem Schaumlöffel herausheben, auf Küchenpapier abtropfen lassen und im Backofen warm halten, bis die restlichen Puffer gebacken sind. Heiß mit der Schnittlauch-Chili-Creme servieren.

PASTINAKENGNOCCHI

FÜR 4 PERSONEN

4 Pastinaken (etwa 500 g)
175 g Mehl und Mehl für die Arbeitsfläche
50 g Parmesan, gerieben
Meersalz und frisch gemahlener schwarzer
   Pfeffer

FÜR DIE KNOBLAUCH-KRÄUTER-BUTTER
100 g Butter
2 Knoblauchzehen, zerdrückt
3 EL fein gehackter Zitronenthymian
abgeriebene Schale von 1 unbehandelten
   Limette
Meersalz

Die Pastinaken schälen, in Stücke schneiden und sofort in einen Topf mit kochendem Wasser geben. In 30 Minuten bei geringer Hitze sehr weich garen, abgießen, gut abtropfen und etwas abkühlen lassen.

Die Pastinaken in einer Schüssel zerdrücken (oder durch die Gemüsemühle drehen) und zu einem glatten Püree verarbeiten. Das Mehl darübersieben, die Hälfte des Parmesans hinzufügen, mit Meersalz und Pfeffer abschmecken und alles zu einem weichen Teig verrühren.

Den Teig in zwei Portionen teilen und mit bemehlten Händen auf der leicht bemehlten Arbeitsfläche zwei Rollen (à etwa 2 cm Ø) daraus formen. Die Rollen in schmale Scheiben schneiden, die Scheiben zu ovalen Klößchen formen und oben mit den bemehlten Zinken einer Gabel vorsichtig ein Muster hineindrücken.

In einem großen Topf Salzwasser zum Kochen bringen und die Gnocchi in kleinen Portionen 1–2 Minuten kochen, bis sie an die Oberfläche steigen. Mit einem Schaumlöffel herausheben und auf vorgewärmte Servierschalen verteilen.

Inzwischen Butter, Knoblauch, Zitronenthymian und Limettenschale 3 Minuten bei mittlerer Hitze in einer kleinen Kasserolle erhitzen, bis die Butter braun ist und ein nussartiges Aroma verströmt. Mit Meersalz abschmecken.

Die Gnocchi mit der Butter beträufeln, mit dem restlichen Parmesan bestreuen und servieren.

Französischer Selleriesalat
Für 4–6 Personen als Vorspeise oder Beilage

Für die Senfmayonnaise
2 Eigelb
1 EL Weißweinessig oder frisch gepresster Zitronensaft
1 EL Dijonsenf
150 ml Olivenöl

Saft von 1 frisch gepressten Zitrone
1 großer Knollensellerie (oder 2 kleine)
2 EL Kapern, abgespült und abgetropft
5 Cornichons, fein gewürfelt
2 EL fein gehackte Petersilie
knuspriges Brot

Für die Senfmayonnaise die Eigelbe in einer Schüssel kräftig mit Essig oder Zitronensaft und dem Senf verrühren. Das Öl teelöffelweise unterschlagen, bis die Mischung beginnt einzudicken. Das restliche Öl unter ständigem Rühren in einem feinen Strahl einlaufen lassen. Die Mayonnaise mit Frischhaltefolie abdecken (die Folie direkt auf die Mayonnaise legen, damit sich keine Haut bildet) und beiseitestellen.

Eine große Schüssel mit 1 Liter Wasser füllen und die Hälfte des Zitronensafts hinzufügen. Den Sellerie putzen, schälen und grob raspeln. Die Raspeln in das Zitronenwasser geben, damit sie sich nicht verfärben. In einem Topf Wasser bei starker Hitze aufkochen lassen und den restlichen Zitronensaft hinzufügen. Den Sellerie abgießen, 1 Minute in dem Zitronenwasser kochen, erneut abgießen, unter fließendem kaltem Wasser abschrecken und anschließend mit Küchenpapier trocken tupfen.

Den Sellerie mit der Senfmayonnaise, den Kapern, den Cornichons und der Petersilie mischen und mit knusprigem Brot servieren.

Sellerie-Kartoffel-Püree
Für 4 Personen als Beilage

1 EL frisch gepresster Zitronensaft
1 Knollensellerie
1 große vorwiegend festkochende Kartoffel, geschält und in 2,5 cm große Stücke geschnitten
250 ml Milch
Meersalz und frisch gemahlener schwarzer Pfeffer
20 g weiche Butter

Eine große Schüssel mit 500 ml Wasser füllen und den Zitronensaft hinzufügen. Den Sellerie putzen, schälen, in 2,5 cm große Stücke schneiden und sofort in das Zitronenwasser legen, damit er sich nicht verfärbt.

Abgießen, abtropfen lassen und mit der Kartoffel und der Milch in einen Topf geben. Bei starker Hitze aufkochen lassen, den Deckel auflegen und das Gemüse in 15 Minuten weich garen. Das Gemüse anschließend sorgfältig zerdrücken und das Püree mit Meersalz und Pfeffer abschmecken. Die Butter unterrühren und sofort servieren.

VARIANTE: Das Püree kann noch mit Apfel angereichert werden. Dazu einfach 2 geschälte und grob gehackte Äpfel mitkochen.

Würziger Möhrenkuchen mit Orangencreme
Für 8–10 Personen

Für den Teig
Fett für die Form
300 g Mehl
2½ TL Backpulver
2 TL gemahlener Zimt
1 TL frisch geriebene Muskatnuss
150 g feiner Rohzucker
200 g Möhren, gerieben
4 Eier
250 g Sauerrahm
250 ml Pflanzenöl

Für die Orangencreme
3 EL weicher Doppelrahmfrischkäse
20 g weiche Butter
abgeriebene Schale von ½ unbehandelten
    Orange
2 TL frisch gepresster Orangensaft
125 g Puderzucker

Den Backofen auf 140 °C vorheizen. Eine Springform (22 cm Ø) einfetten und den Boden mit Backpapier auslegen.

Das Mehl mit Backpulver, Zimt und Muskat in eine große Schüssel sieben und sorgfältig mit dem Zucker und den Möhren vermischen.

In einer Schüssel die Eier mit dem Sauerrahm und dem Öl verrühren, zum Mehl geben und alles zu einem homogenen Teig verrühren. Den Teig in die Form füllen, glatt streichen und 1 Stunde backen.

Am Ende der Backzeit prüfen, ob der Kuchen gar ist. Dazu den Kuchen in der Mitte mit einem Holzspieß einstechen. Haftet nach dem Herausziehen kein Teig daran, ist der Kuchen fertig. Den Kuchen aus dem Ofen nehmen, 10 Minuten in der Form abkühlen lassen, auf ein Kuchengitter stürzen und vollständig auskühlen lassen.

Für die Creme den Frischkäse mit Butter, Orangenschale und Orangensaft mit dem Handmixer zu einer lockeren, luftigen Masse aufschlagen. Nach und nach den Puderzucker unterrühren, bis eine glatte Creme entstanden ist. Den erkalteten Kuchen mit der Creme bestreichen und in Stücke teilen.

Ohne Creme kann der Kuchen an einem kühlen Platz in einem luftdicht verschlossenen Behälter bis zu vier Tage aufbewahrt werden, in der Gefriertruhe bis zu drei Monate. Die Creme ist im Kühlschrank in einem luftdicht verschlossenen Behälter zwei Tage haltbar.

Aus dem Gemüsefach

Das Gemüsefach des Kühlschranks ist ideal zur Aufbewahrung der Obst- und Gemüsesorten, die im folgenden Kapitel im Mittelpunkt stehen. Denn dort ist es feuchter als im übrigen Kühlschrank. Achten Sie deshalb stets auf Sauberkeit, denn Bakterien und Schimmelpilze können sich im Kühlschrank rasch vermehren. Und packen Sie nicht zu viel hinein, sonst kann die Luft nicht mehr zirkulieren.

BLUMENKOHL

Den festen Teil des Blumenkohlkopfs bezeichnet man als »Blume«. Er besteht aus noch nicht voll entwickelten Blütenknospen, die von grünen Hüllblättern umschlossen sind, die die Knospen vor der Sonne schützen. Wie viele Pflanzen aus der Familie der Kreuzblütler enthält der Blumenkohl Vitamin C, Kalium, Folsäure und Antioxidantien. Darüber hinaus enthält er Purine, die Personen, die an Gicht erkrankt sind, jedoch meiden sollten.

Obwohl Blumenkohl das ganze Jahr über angeboten wird, ist er ein Wintergemüse. Am bekanntesten ist der weiße Blumenkohl. Beim Einkauf sollte man darauf achten, dass die Blume schön fest und makellos ist und die Hüllblätter gut anliegen. Den Blumenkohl in einem lose verschlossenen, perforierten Plastikbeutel mit dem Stielansatz nach unten im Gemüsefach aufbewahren. So bleibt er vier bis fünf Tage frisch.

Vor der Zubereitung die Blätter und die harten Blattstiele entfernen, den Kopf in Röschen zerteilen. Zarte Blätter und Blattstiele aufheben. Man kann sie hacken und sautieren und damit Suppen, Risottos, geschmortes Gemüse und Pürees verfeinern. Es empfiehlt sich Blumenkohl zu dämpfen (8–12 Minuten). Man kann die Röschen aber auch in etwas Butter oder Olivenöl 30 Minuten bei mittlerer Hitze im Backofen garen. Sie werden dann dunkelbraun, bekommen einen nussigen Geschmack. Blumenkohl sollte nicht in Töpfen aus Eisen oder Gusseisen gegart werden, weil er sich darin verfärben kann.

Blumenkohl eignet sich hervorragend für (Creme-)Suppen, Salate, Pastagerichte und Risottos und harmoniert mit in Butter gerösteten Semmelbröseln, Oliven, karamellisierten Zwiebeln, Sardellen, Sahne, Schnittlauch, Dill, Kümmel, Senf, Petersilie, Kapern, Käse (Parmesan, Cheddar, Gruyère, Blauschimmel- und Räucherkäse) und Speck.

BOHNEN

Die sogenannten grünen Bohnen können durchaus auch gelb, violett oder rotbraun sein. Man bezeichnet sie lediglich als grüne Bohnen, weil sie gepflückt werden, solange sie noch jung und zart sind. Die gelben Wachsbohnen haben einen feineren Geschmack als Bohnen mit grünen Hülsen. Violette Bohnen wiederum färben sich beim Kochen grün. Die meisten modernen Züchtungen sind heute fadenlos.

Wirklich frisch ist eine Bohne, wenn beim Auseinanderbrechen ein Knacken zu hören ist. Das spitze Ende sollte schön gerade und nicht vertrocknet, die Hülsen sollten glatt und makellos sein und die Samen sollten sich nur als leichte Wölbung abzeichnen. In einem perforierten Plastikbeutel können Bohnen bis zu drei Tage im Gemüsefach aufbewahrt werden.

Vor der Zubereitung müssen die Bohnen gegebenenfalls abgefädelt und die Enden abgeschnitten werden. In der Regel werden sie gekocht oder gedämpft. Zarte grüne Bohnen können außerdem im Ganzen in Olivenöl gebraten werden. Dadurch kommt der süße Geschmack besonders gut zur Geltung. Sie schmecken aber auch in Salaten, als Vorspeise oder als Beilage zu Fleisch.

Bohnen passen gut zu Butter, Olivenöl, Knoblauch, Dill, Majoran, Thymian, Tomaten, Kartoffeln, Erbsen und anderem grünem Gemüse, Oliven, Thunfisch, Walnüssen und Mandeln, Croûtons, Parmesan, Sardellen und Curry.

BROKKOLI

Der Brokkoli gehört zur Familie der Kreuzblütler und ist reich an Mineralstoffen und den Vitaminen A und C. Es gibt verschiedene Sorten und Züchtungen. Wir verwenden jedoch in der Regel den leuchtend grünen Brokkoli, der vor allem im Herbst und Winter Saison hat.

Achten Sie darauf, dass die Köpfe kompakt sind, dass die Blütenknospen noch nicht geöffnet sind. Die Blätter sollten makellos und leuchtend grün sein. Brokkoli lagert man am besten in einem perforierten Plastikbeutel im Gemüsefach des Kühlschranks. Er ist so bis zu drei Tage haltbar. Das Gemüse vorher keinesfalls waschen.

Die Stiele sind ebenfalls essbar, lediglich die harten unteren Enden müssen abgeschnitten werden. Sie haben eine längere Kochzeit als die Röschen und müssen unter Umständen geschält werden. Wenn Sie die Köpfe in Röschen zerteilen, stets ein Stück vom Stiel stehen lassen, damit die Röschen nicht auseinanderfallen. Es empfiehlt sich, die Röschen kurz (3–4 Minuten sind in der Regel ausreichend) zu dämpfen, denn beim Kochen werden sie leicht matschig.

Brokkoli passt vorzüglich zu Mandeln, Haselnüssen und Pinienkernen, Knoblauch, Ingwer, Käse (Blauschimmelkäse, Ziegenkäse, Cheddar, Gruyère, Parmesan, Ricotta), Sauerrahm, Sardellen, Tomaten, Oliven, Kartoffeln, Kapern, Zitronen, Orangen sowie rohem und gekochtem Schinken.

FENCHEL

Auch jenseits des Mittelmeerraums ist der Fenchel, den es in allen Größen gibt, wegen seines feinen anisartigen Geschmacks beliebt. Die fleischigen Blattstiele können roh oder gekocht gegessen werden.

Das grüne Kraut sollte eine leuchtende Farbe haben und nicht welk sein. Die Knollen müssen sich fest anfühlen, das Fruchtfleisch sollte cremeweiß sein und die einzelnen Schichten sollten fest anliegen. In einem perforierten, lose verschlossenen Plastikbeutel kann Fenchel drei bis vier Tage im Gemüsefach aufbewahrt werden.

Kleinere Knollen sind milder im Geschmack und können, in hauchdünne Scheiben geschnitten, roh als Rohkost oder Salat gegessen werden. Fenchel immer erst unmittelbar vor der Zubereitung schneiden und gegebenenfalls in Zitronenwasser legen, damit er nicht braun wird. Größere Knollen sollten gegart werden.

Vor der Zubereitung die faserigen äußeren Blätter entfernen, die Knolle dann der Länge nach halbieren, den harten Strunk herausschneiden und den Rest in Spalten, Streifen oder dünne Scheiben schneiden. Das Kraut von jungen Fenchelknollen kann fein gehackt zum Verfeinern von Salaten und Risottos verwendet werden.

Fenchel harmoniert sehr gut mit Sahne, Hühnerbrühe, Olivenöl, Zitronen, Orangen, Käse (Blauschimmelkäse, Ziegenkäse und Parmesan), Mandeln, Pinienkernen, Haselnüssen und Walnüssen, Tomate, Kartoffeln, Sardellen, Thunfisch, Mayonnaise, Kapern, Oliven, Radicchio, Brunnenkresse, Räucherlachs und rohem Schinken.

GURKEN

Im Sommer ist das Angebot besonders groß. Eine »richtige« Gurke sollte intensiv nach Kräutern und etwas süßlich schmecken. Gurken aus biologischem Anbau sind oft die beste Wahl.

Es gibt eine Vielzahl an Gurkensorten, angefangen von der kleinen dunkelgrünen **Einlegegurke** bis zu großen, runden Gurken mit heller cremefarbener
Schale. Manche können bis zu 60 cm lang werden. Zu den gängigsten Sorten
zählen die lange, kernarme **Schlangengurke** mit dünner Schale, die häufig in
Folie eingeschweißt verkauft wird, die **Gärtnergurke** mit größeren Kernen und
dickerer Schale und die kleine, kurze **Minigurke** mit zarter Schale, süßlichem
hellgrünem Fruchtfleisch und wenigen weichen Kernen.

Gurken bestehen zu 90 Prozent aus Wasser, deshalb sollten sie sich fest
anfühlen und schwer in der Hand liegen. Kleinere, dünnere Gurken sind in der
Regel süßer als die größeren Exemplare. Gurken halten sich im Gemüsefach
des Kühlschranks vier bis fünf Tage. Damit sie ihren Geschmack besser entfalten können, sollte man sie stets rechtzeitig aus dem Kühlschrank nehmen.

Die Schale kann sehr bitter sein, deshalb sollte man vor allem Gärtnergurken schälen. Mitunter sind die Samen zum Mitessen zu groß. Halbieren Sie die
Gurke dann einfach der Länge nach und kratzen die Kerne mit einem Teelöffel
heraus. Gurken sollten immer erst unmittelbar vor der Zubereitung gehackt oder
in Scheiben geschnitten und mit den übrigen Zutaten gemischt werden, weil sie
viel Flüssigkeit abgeben, wenn sie längere Zeit stehen.

Gurken passen sehr gut zu Meeresfrüchten, Sahne, Sauerrahm, Crème
fraîche, Feta und Ziegenkäse, Oliven, Tomaten, Essig, Zitronen, Orangen,
Brunnenkresse, Erbsen, Frühlingszwiebeln, Sesam, Kreuzkümmel, Koriander,
Dill, Estragon, Oregano, Petersilie und Schnittlauch.

KOHL

Am bekanntesten ist wohl der runde, blassgrüne **Weißkohl**. Beim Wirsing sind
die äußeren Blätter dunkler und gekräuselt, während das Herz heller und zarter
ist und einen milden Geschmack hat. **Wirsing** eignet sich weniger zum Rohverzehr. **Rotkohl** hat einen ähnlichen Geschmack wie Weißkohl und die gleichen
glänzenden, glatten Blätter. Beide Kohlsorten eignen sich zum Kochen, Einlegen und Rohessen. Das im Rotkohl enthaltene Pigment ist wasserlöslich und
blutet beim Kochen aus. Damit die schöne rotviolette Farbe erhalten bleibt,
dem Kochwasser einfach etwas Zitronensaft oder Essig beigeben.

Alle Kohlsorten sind reich an Vitamin C, Mineralstoffen und Antioxidantien.

Beim Einkauf von Weiß- und Rotkohl darauf achten, dass die Köpfe fest
und schwer sind, dass die Blätter keine braunen oder gelben Stellen haben
und dass die äußeren Blätter fest am Kopf anliegen. Wirsing ist in einem lose
verschlossenen Plastikbeutel im Gemüsefach nicht länger als drei Tage haltbar,
Weiß- und Rotkohl können eine Woche und länger aufbewahrt werden.

Vor der Zubereitung müssen die harten äußeren Blätter entfernt und der
Strunk herausgeschnitten werden. Wenn Sie die Blätter füllen wollen, lösen

Sie sie vorsichtig einzeln vom Strunk ab. Wirsing eignet sich dafür besonders gut, weil sich die Blätter leichter ablösen lassen. Die Blätter anschließend gründlich waschen.

Kohl kann gedämpft, langsam gekocht, sautiert, geschmort, pfannengerührt, eingelegt oder roh für Salate verwendet werden. Er passt sehr gut zu Schweinefleisch, Speck, Wurst, Senf, Butter, Sahne, Sauerrahm, Dill, Salbei, Petersilie, Äpfeln, Essig, Rosinen, Zwiebeln, Mayonnaise und Gewürzgurken.

LAUCH

Dünnere Stangen sind in der Regel süßer und weniger faserig. Achten Sie beim Einkauf darauf, dass die Stangen gerade und fest sind, schwer in der Hand liegen und die Blätter einwandfrei und dunkelgrün sind. Frischer Lauch hat leuchtend weiße Wurzeln, an denen noch Erde haftet. Lauch mit den Blättern in einem lose verschlossenen Plastikbeutel im Gemüsefach aufbewahren. Er ist so bis zu einer Woche haltbar.

Der zarteste Teil ist der weiße Schaft. Vor der Zubereitung die grünen Blätter bis zum Schaft abschneiden. Wenn Sie die Schäfte im Ganzen servieren wollen, darauf achten, dass Sie den Wurzelansatz nicht ganz abschneiden. Die Schäfte dann mehrfach von oben nach unten (etwa 7 cm) tief einschneiden und gründlich waschen. Dabei die einzelnen Schichten, in denen sich die Erde abgelagert hat, vorsichtig auseinanderziehen. Oder Sie schneiden die Schäfte einfach auf die gewünschte Größe zu und waschen sie sorgfältig unter fließendem kaltem Wasser.

Lauch passt gut zu Hähnchen und Hühnerbrühe, Fisch und Fischbrühe, Sahne, Käse (Cheddar, Gruyère, Blauschimmelkäse und Parmesan), Dill, Schnittlauch, Petersilie, Thymian, Majoran, schwarzem Pfeffer, Kartoffeln, Pastinaken, Sardellen, Senf, Walnüssen und Haselnüssen und den daraus gewonnenen Ölen.

MANGOLD

Mangold ist ein Verwandter der Roten Bete, enthält viel Oxalsäure und ist reich an Eisen, Magnesium, Kalium und den Vitaminen A, K und C. Er hat vom Frühjahr bis zum Herbst Saison.

Achten Sie beim Einkauf darauf, dass die Stiele schön gerade und kräftig sind und eine leuchtende Farbe haben. Die Blätter sollten unversehrt sein, eine intensive, glänzende grüne Farbe und breite, silberne Rippen und Adern haben. Es gibt auch Sorten mit roten, rosa- oder orangefarbenen Rippen, deren Saft Flecken hinterlässt. Mangold kann in einem lose verschlossenen Plastikbeutel zwei bis drei Tage im Gemüsefach aufbewahrt werden.

Eine Mangoldstaude ist ausreichend für drei bis vier Personen (wenn Sie auch die Stiele und die Blätter verwenden). Die Blätter werden meist gedämpft, man kann sie aber auch in einem fest verschlossenen Topf nur in dem Wasser, das nach dem Waschen an ihnen haftet, garen. Die Stiele verfärben sich nach dem Schneiden. Deshalb sollte man sie bis zur Weiterverarbeitung in Zitronen- oder Essigwasser legen. Manche Köche entfernen auch die dicken Fasern. Die Stiele haben eine Garzeit von etwa 15 Minuten, die Blätter sind bereits nach 3–4 Minuten gar. Die blanchierten Blätter können auch gefüllt und geschmort werden.

Mangold passt gut zu Linsen, Kichererbsen, Speck, Knoblauch, Kreuzkümmel, Tomaten, Ingwer, Sahne, Blauschimmelkäse, Walnüssen und Haselnüssen, Zitronen, Safran, Rotweinessig, Chiliflocken, Sardellen, Pinienkernen, Rosinen und Olivenöl.

PILZE

Es gibt Tausende Pilzsorten. Saison haben sie zwar in der Regel nur vom Herbst bis zum Winteranfang, viele werden jedoch das ganze Jahr über kultiviert. Der weiße **Champignon** (*Agaricus bisporus*), der uns am vertrautesten ist, wurde erstmals im 18. Jahrhundert in Paris gezüchtet. Daneben gibt es auch noch eine Variante mit braunem Hut. Weitere Zuchtpilze sind **Shiitake**, **Austernpilz**, **Enoki** und **Pfifferling**. Zu den beliebtesten Waldpilzen zählen der **Steinpilz** und die **Morchel**.

Pilze trocknen sehr schnell aus und faulen leicht, wenn man sie in Plastikbeuteln oder geschlossenen Gefäßen aufbewahrt. Deshalb sollte man sie nur in Papiertüten verpacken. Achten Sie beim Einkauf darauf, dass die Pilze fest sind und die Hüte sich trocken anfühlen. Die Lamellen sollten frisch aussehen und unversehrt, nicht vertrocknet oder schleimig sein.

Pilze nach Möglichkeit nicht waschen, sondern den Schmutz mit einem Tuch entfernen. Bei starken Verschmutzungen einfach die Schale mit den Fingern vom Rand zur Mitte hin ablösen. In der Regel gilt: Je flacher ein Pilz ist, desto älter ist er. Wegen ihres intensiven Geschmacks eignen sich ältere Pilze eher zum Kochen als zum Rohessen.

Pilze passen hervorragend zu Rindfleisch, Hähnchen, Leber, Speck, Pinienkernen, Haselnüssen, Parmesan und Ziegenkäse, Salbei, Rosmarin, Oregano, Basilikum, Knoblauch, Korinthen, Sardellen, Sahne, Sauerrahm, Brandy, Sherry und Blätterteig.

RHABARBER

Der Rhabarber ist ein Frühlingsgemüse. Essbar sind lediglich die auffälligen Stiele. Die großen Blätter enthalten sehr viel Oxalsäure, die Nierensteine verursachen kann. Das Farbspektrum bei den Stielen reicht von Grün bis Rubinrot. Je röter die Stiele sind, desto süßer sind sie in der Regel.

Achten Sie beim Einkauf darauf, dass die Stiele gerade, fest und glatt sind und nach Möglichkeit noch Blätter tragen. Die Stangen sollten nicht zu dick sein, denn dann sind sie häufig faserig. In einem gut verschlossenen Plastikbeutel hält sich Rhabarber im Gemüsefach bis zu einer Woche.

Vor der Zubereitung die Stielenden abschneiden, die Stangen kalt waschen, schälen und in Stücke schneiden. Achtung: Der Saft hinterlässt Flecken.

Rhabarber passt besonders gut zu Äpfeln, Pflaumen, Erdbeeren und Himbeeren, Orangensaft und Orangenschale, Vanille, Ingwer, Zimt, Honig und Blütenwasser (Rose und Orange). Nur mit Zucker gedünstet und heiß oder gut gekühlt serviert schmeckt er köstlich mit Schlagsahne, Vanilleeis, cremigem Reispudding, Vanillesauce, Mascarpone oder leicht gesüßtem Ricotta.

ROSENKOHL

Richtig zubereitet hat Rosenkohl einen süßen, nussigen Geschmack mit einer feinen Senfnote.

Der Rosenkohl ist gewissermaßen ein Miniaturkohl. Der Unterschied zum »normalen« Kohl besteht lediglich darin, dass er an einem Stängel wächst. Rosenkohl hat im Winter und bis ins Frühjahr hinein Saison. Kaufen Sie möglichst kleine Sprossen, sie sind süßer und haben eine kürzere Garzeit. Die Sprossen sollten schön fest sein und eine leuchtend grüne Farbe haben, die äußeren Blätter sollten weder gelb noch fleckig sein. Rosenkohl stets in einem lose verschlossenen, perforierten Plastikbeutel im Gemüsefach aufbewahren und nicht länger als drei Tage lagern, denn je länger er gelagert wird, desto intensiver wird der Kohlgeschmack.

Rosenkohl sollte am besten gedämpft werden, da er sich beim Kochen mit Wasser vollsaugt. Rosenkohl schmeckt aber auch köstlich, wenn man ihn sautiert oder in einer Sahnesauce kocht. Dazu sollte man die Sprossen vorher kurz dämpfen, damit sie innen auch weich sind.

Rosenkohl harmoniert besonders gut mit Kastanien, Speck, rohem Schinken, durchwachsenem Speck, gebratenem Schweinefleisch, Senf, Meerrettich, Sahne, Sauerrahm, Kümmel, Schnittlauch, Petersilie, Knoblauch, Muskat und Schalotten.

ROTE BETE

Rote-Bete-Züchtungen gibt es in unterschiedlichen Farben. Die dunkelrote Knolle schmeckt am intensivsten. Ihre Farbe rührt vom Pigment Betanin her, auf das manche Menschen überempfindlich reagieren und das Hände, Kleider und die Arbeitsfläche rot färbt.

Rote-Bete-Knollen, die das ganze Jahr verfügbar sind, werden meist bundweise mit Grün angeboten. Frische Knollen haben glänzende, leuchtend grüne Blätter. Kaufen Sie möglichst gleich große Knollen mit makelloser Schale. Die Blätter und die Blattstiele sollten innerhalb von zwei Tagen verbraucht werden, die Knollen sind lose in einen Plastikbeutel verpackt im Gemüsefach sieben bis zehn Tage haltbar.

Rote Bete wird meist mit Schale gekocht, damit sie nicht »ausbluten«. Auch die lange Wurzel sollte man vorher nicht abschneiden und ein kleines Stück von den Stielen stehen lassen. Je nach Größe können sie eine Kochzeit von mehr als einer Stunde haben, bei jungen Knollen sind es etwa 30 Minuten. Rote Bete eignet sich auch hervorragend zum Braten. Die Knollen dazu von den Wurzel- und Stielansätzen befreien, die Schale mit Olivenöl bepinseln und in 90 Minuten bei mittlerer Hitze im Ofen weich garen. Etwas abkühlen lassen und die Schale entfernen.

Rote Bete schmeckt köstlich als Relish zu rotem Fleisch und harmoniert gut mit Schnittlauch, Dill, Petersilie, Koriander, Gewürznelken, Zimt, Rotwein, Essig, Orangen, Sauerrahm, Senf, Meerrettich, Ingwer, Walnüssen, Äpfeln, Radicchio, Rucola und Mayonnaise.

SPINAT

Spinat wird das ganze Jahr über angeboten, eigentlich hat er aber vom Winter bis zum Beginn des Frühjahrs Saison.

Achten Sie beim Einkauf darauf, dass die Blätter unversehrt, gerade und breit sind und eine intensive jadegrüne Farbe haben. In einem gut verschlossenen Plastikbeutel kann Spinat im Gemüsefach bis zu zwei Tage aufbewahrt werden. Wenn Sie zu viel gekauft haben, den Spinat putzen, blanchieren und einfrieren (bis zu drei Monate).

Vor der Zubereitung die harten Stiele entfernen, die Blätter kalt waschen, abtropfen lassen und gegebenenfalls trocken tupfen. Wenn Sie Spinat dämpfen, brauchen Sie nicht mehr als das Wasser, das nach dem Waschen an den Blättern haftet. Den Topf fest verschließen, gelegentlich rütteln und den Spinat nicht länger als 3 Minuten kochen.

Spinat schmeckt vorzüglich mit Eiern, Hähnchen, Fisch, Schinken, Leber, Pilzen, Kartoffeln, Knoblauch, Sahne, Sauerrahm, Joghurt, Käse, Olivenöl, einem guten Essig, Sojasauce, Ingwer, Sesam, Nüssen, Reis, Blätterteig, Zitrusfrüchten, Muskat und Paprika.

STANGENSELLERIE

Der Stangensellerie wurde ursprünglich als Heilpflanze verwendet. Tatsächlich hat die moderne Wissenschaft den Nachweis erbracht, dass er einen Stoff, das sogenannte Phthalid, enthält, der zur Blutdrucksenkung beiträgt.

Stangensellerie wird das ganze Jahr über angeboten. Die äußeren Stiele sind faserig und hellgrün, während sich die Stängel im Inneren hervorragend zum Kochen und für Salate eignen. Die zarten inneren Blätter kann man mitessen.

Kaufen Sie nach Möglichkeit nur Stauden mit Blättern, denn an ihnen lässt sich am besten erkennen, ob der Sellerie frisch ist. Die äußeren Stangen sollten schön glänzen und gerade gewachsen sein. In einen Plastikbeutel verpackt kann Stangensellerie bis zu einer Woche im Gemüsefach des Kühlschranks aufbewahrt werden.

Stangensellerie wird in der Regel für Salate oder als Zutat in Suppen, Eintöpfen, Saucen, Brühen und Schmorgerichten verwendet. Besonders fein schmeckt er, wenn man ihn in Brühe, mit Olivenöl und Gewürzen schmort.

Stangensellerie harmoniert besonders gut mit Äpfeln sowie mit Zitronen, Birnen, Sahne, Käse (Blauschimmelkäse, Ricotta, Frischkäse, Gruyère), Mayonnaise, Essig, Tomaten, Sardellen, Rosinen, Mandeln, Walnüssen und Pinienkernen, Schnittlauch, Petersilie und Thymian, Weißwein, Thunfisch und anderem Fisch, Corned Beef, Hähnchen und Lamm.

ZUCCHINI

Die Zucchini gehört zur Familie der Kürbisse und ist ein Sommergemüse. Zucchini können eine dunkel- oder hellgrüne oder aber eine leuchtend gelbe Schale haben. Es gibt verschiedene flache, runde Sommerkürbissorten, die den Zucchini im Geschmack sehr ähnlich sind und auch ähnlich zubereitet werden.

Zucchini können sehr groß werden. Das Fruchtfleisch ist dann allerdings wässrig. Die kleineren Exemplare haben ein süßeres, festeres Fleisch, eine weiche Schale und weiche Kerne, die man mitessen kann. Achten Sie beim Einkauf darauf, dass die Zucchini eine glatte, leicht glänzende Schale haben. Das Fruchtfleisch sollte hell sein. Zucchini verlieren schnell ihren Geschmack, deshalb sollte man sie nicht länger als zwei Tage in einem perforierten, lose verschlossenen Plastikbeutel im Gemüsefach des Kühlschranks aufbewahren.

Vor der Zubereitung müssen die Zucchini nur unter fließendem Wasser gewaschen und die Enden abgeschnitten werden. Anschließend in Scheiben oder Juliennestreifen schneiden oder raspeln. Zucchini sollten nur kurz gedämpft, sautiert, pfannengerührt oder gegrillt werden. Im Ganzen kann man sie auch kochen und sie eignen sich hervorragend zum Rohessen.

Zucchini harmonieren vorzüglich mit Butter, Olivenöl, Knoblauch, Zwiebeln, Zitronen, Käse (Feta, Parmesan, Pecorino), Sardellen, mildem Essig, mediterranem Gemüse, Pinienkernen, Mandeln, Korinthen, Basilikum, Minze, Oregano, Thymian und Petersilie.

BROKKOLI-RICOTTA-SOUFFLÉ
FÜR 4 PERSONEN

60 g kleine Brokkoliröschen
Meersalz
2 EL Olivenöl
40 g Butter und Butter für die Form
1 Zwiebel, fein gehackt
1 Knoblauchzehe, zerdrückt
400 g Ricotta
50 g Parmesan, gerieben
5 Eigelb, verquirlt
1 Prise frisch geriebene Muskatnuss
1 Prise Cayennepfeffer
frisch gemahlener schwarzer Pfeffer
5 Eiweiß
1 Msp. Weinstein
3 EL Paniermehl

Den Backofen auf 170 °C vorheizen.

Die Brokkoliröschen 4 Minuten in kochendem Salzwasser garen, abgießen, gut abtropfen lassen und grob hacken.

Das Olivenöl und die Butter in einer Pfanne erhitzen und die Zwiebel darin mit dem Knoblauch in 5 Minuten bei mittlerer Hitze weich dünsten. In eine große Schüssel umfüllen, Brokkoli, Ricotta, Parmesan, Eigelbe, Muskat und Cayennepfeffer hinzufügen, mit Meersalz und Pfeffer würzen und die Zutaten sorgfältig vermengen.

Die Eiweiße in einer sauberen, trockenen Schüssel mit dem Weinstein und 1 Prise Meersalz steif schlagen. Ein Drittel des Eischnees unter die Brokkolimischung rühren und danach vorsichtig den restlichen Eischnee unterheben.

Eine große Souffléform einfetten und mit dem Paniermehl ausstreuen. Die Form dabei drehen, damit das Paniermehl überall verteilt wird. Überschüssiges Paniermehl herausschütten. Die Brokkolimischung einfüllen und das Soufflé etwa 35–40 Minuten backen, bis es aufgegangen und oben leicht gebräunt ist. Sofort servieren.

ANMERKUNG: Da das Soufflé mit Ricotta zubereitet wird, geht es nicht so sehr auf wie ein herkömmliches Soufflé.

Kohlrouladen
Ergibt 12 grosse Rouladen

275 ml Olivenöl
1 Zwiebel, fein gehackt
1 Prise gemahlener Piment
1 Prise frisch geriebene Muskatnuss
1 TL gemahlener Kreuzkümmel
2 Lorbeerblätter
1 großer Weißkohl
500 g Lammhackfleisch
225 g weißer Kurzkornreis
4 Knoblauchzehen, zerdrückt
4 EL Pinienkerne, geröstet
2 EL fein gehackte Minze
2 EL fein gehackte glatte Petersilie
1 EL gehackte Korinthen
Meersalz und frisch gemahlener
    schwarzer Pfeffer
4 EL frisch gepresster Zitronensaft
natives Olivenöl extra, zum Beträufeln
unbehandelte Zitronenschnitze

1 EL Olivenöl in einer Kasserolle erhitzen und die Zwiebel darin in 10 Minuten bei mittlerer Hitze goldbraun anschwitzen. Piment, Muskat und Kreuzkümmel hinzufügen und 2 Minuten anbraten, bis die Gewürze ihr Aroma entfalten. Das Ganze dann in eine große Schüssel umfüllen.

Wasser in einem sehr großen Topf aufkochen und die Lorbeerblätter hineingeben. Die äußeren Kohlblätter entfernen und den Strunk herausschneiden (etwa 5 cm). Den Kohl vorsichtig in das kochende Wasser legen und 5 Minuten kochen. Mit einer Zange vorsichtig ein äußeres Blatt ablösen. Auf diese Weise Blatt für Blatt bis zum Strunk ablösen und den Kohl dabei weiterkochen lassen. Den restlichen Kohl gut abtropfen lassen, die Kochflüssigkeit aufheben und abkühlen lassen.

Aus 12 möglichst gleich großen Kohlblättern die harten Blattrippen v-förmig herausschneiden. Eine große Kasserolle mit ⅔ der restlichen Kohlblätter auslegen, damit die Kohlrouladen beim Garen nicht anhängen.

Fleisch, Reis, Knoblauch, Pinienkerne, Minze, Petersilie und Korinthen zu den Zwiebeln geben, mit Meersalz und Pfeffer würzen und die Zutaten sorgfältig vermengen.

Je 2 EL Fleischfarce zu einem ovalen Kloß formen und in die Mitte eines Kohlblatts setzen. Das Blatt einrollen und die Seiten dabei so einschlagen, dass ein Päckchen entsteht. Die restlichen Kohlrouladen ebenso zubereiten. Die Rouladen mit der Naht nach unten dicht an dicht nebeneinander in die Kasserolle schichten.

625 ml Kochflüssigkeit abmessen und mit dem restlichen Olivenöl, dem Zitronensaft und 1 TL Meersalz verrühren. Die Rouladen damit begießen (sie sollten gerade bedeckt sein), mit den restlichen Kohlblättern abdecken, den Deckel auflegen, aufkochen und 75 Minuten bei geringer Hitze köcheln lassen, bis der Reis gar ist.

Die Rouladen vorsichtig mit dem Schaumlöffel aus dem Topf heben, auf einer Servierplatte anrichten, mit nativem Olivenöl beträufeln und heiß oder zimmerwarm mit den Zitronenschnitzen servieren.

BROKKOLISUPPE MIT PINIENKERNEN
FÜR 6 PERSONEN ALS VORSPEISE

30 g Butter
1 Zwiebel, fein gehackt
1½ l Hühnerbrühe
750 g Brokkoli, geputzt
4 EL Pinienkerne und Pinienkerne zum
  Bestreuen
Meersalz und frisch gemahlener schwarzer
  Pfeffer
geröstete Focaccia
natives Olivenöl extra, zum Beträufeln

Die Butter in einem großen Topf zerlassen und die Zwiebel darin in 5 Minuten bei mittlerer Hitze glasig anschwitzen. Die Brühe angießen und zum Kochen bringen.

Den Brokkoli in Röschen zerteilen. Die Stiele hacken und 15 Minuten bei geringer Hitze in der Brühe garen. Die Röschen dazugeben und in 10 Minuten bei geringer Hitze im offenen Topf weich garen. Den Topf vom Herd nehmen und den Brokkoli vollständig abkühlen lassen.

Die Pinienkerne in die Brokkolisuppe geben und (gegebenenfalls portionsweise) im Mixer pürieren. Mit Meersalz und Pfeffer abschmecken und noch einmal sanft erhitzen.

Die Suppe mit Pinienkernen bestreuen. Die Focaccia mit Olivenöl beträufeln und zur Suppe servieren.

AUSGEBACKENER BLUMENKOHL
FÜR 4–6 PERSONEN ALS VORSPEISE ODER BEILAGE

50 g Kichererbsenmehl
  (siehe Anmerkung)
Meersalz
2 TL gemahlener Kreuzkümmel
1 TL gemahlener Koriander
1 TL gemahlene Kurkuma
Cayennepfeffer
1 Ei
1 Eigelb
600 g Blumenkohl, in mundgerechte
  Röschen zerteilt
Öl zum Frittieren

Das Kichererbsenmehl mit ½ TL Meersalz und die Gewürze in eine Schüssel sieben und eine Mulde in die Mitte drücken. Das Ei und das Eigelb mit 3 EL Wasser verquirlen und in die Mulde gießen. Die Zutaten zu einem glatten Teig verrühren und den Teig 30 Minuten ruhen lassen.

Inzwischen den Backofen auf Umluft 100 °C vorheizen.

Einen großen Topf zu einem Drittel mit Öl füllen. Das Öl auf 180 °C erhitzen (um festzustellen, ob die Temperatur erreicht ist, einen Brotwürfel ins Öl geben. Er muss in 15 Sekunden gebräunt sein.). Die Blumenkohlröschen in den Teig tauchen, überschüssigen Teig abtropfen lassen und die Röschen portionsweise jeweils in 3 Minuten goldbraun frittieren. Mit einem Schaumlöffel aus dem Topf heben, auf Küchenpapier abtropfen lassen und im Backofen warm halten, bis die restlichen Röschen fertig sind. Mit Meersalz und nach Belieben mit Cayennepfeffer bestreuen und heiß servieren.

ANMERKUNG: Kichererbsenmehl ist in Reformhäusern und indischen Lebensmittelgeschäften erhältlich.

WIRSINGSUPPE MIT MARONEN UND PANCETTA

FÜR 4 PERSONEN

250 g Wirsing
2 EL Olivenöl
1 große Zwiebel, fein gehackt
175 g durchwachsener Speck (vorzugsweise Pancetta), gewürfelt
3 Knoblauchzehen, zerdrückt
2 EL fein gehackte Rosmarinnadeln
250 g Maronen, geschält und gegart (siehe
  Anmerkung)
Meersalz und frisch gemahlener schwarzer
  Pfeffer
150 ml Rotwein
natives Olivenöl extra, zum Beträufeln

In einem großen Topf 1½ Liter Wasser aufkochen und den Wirsing 10 Minuten bei starker Hitze garen. Abgießen (dabei das Kochwasser auffangen), abtropfen und etwas abkühlen lassen und anschließend in mundgerechte Stücke zerteilen.

Das Olivenöl in einem großen Topf erhitzen und die Zwiebel mit dem Speck 5 Minuten bei mittlerer Hitze anbraten, bis die Zwiebel weich und der Speck leicht gebräunt ist. Knoblauch und Rosmarin hinzufügen und 2 Minuten anbraten.

Die Maronen auseinanderbrechen und mit der Hälfte des Wirsings in den Topf geben. Die Zutaten gut verrühren und mit Meersalz und Pfeffer abschmecken. Den Wein angießen, aufkochen und 2 Minuten kochen lassen. Das Wirsingkochwasser angießen und die Suppe 15 Minuten bei geringer Hitze köcheln lassen.

Die Hälfte der Suppe aus dem Topf nehmen, etwas abkühlen lassen und im Mixer pürieren.

Das Püree mit dem restlichen Wirsing unter die Suppe rühren. Die Suppe mit Olivenöl beträufeln und servieren.

ANMERKUNG: Gekochte Maronen und Esskastanien sind vakuumverpackt, tiefgekühlt oder in Dosen in Feinkostgeschäften und gut sortierten Supermärkten erhältlich.

BLUMENKOHLPILAW
FÜR 4–6 PERSONEN ALS BEILAGE

200 g Basmatireis
2 EL Olivenöl
1 große Zwiebel, in feine Ringe
   geschnitten
einige Kardamomsamen
½ TL gemahlene Kurkuma
1 Zimtstange
1 TL Kreuzkümmelsamen
1 Msp. Cayennepfeffer
500 ml Gemüse- oder Hühnerbrühe
800 g Blumenkohl, geputzt und in
   Röschen zerteilt
2 große Handvoll Koriandergrün,
   fein gehackt

Den Reis unter fließendem kaltem Wasser abspülen, in einem Sieb gut abtropfen lassen und beiseitestellen.

Das Olivenöl in einem Topf erhitzen und die Zwiebel darin in 5 Minuten bei mittlerer Hitze goldbraun anschwitzen. Die Gewürze dazugeben und 1 Minute unter Rühren anbraten. Zimtstange herausnehmen.

Den Reis in den Topf geben und gut mit den Gewürzen verrühren. Die Brühe angießen, den Blumenkohl hinzufügen und den Deckel auflegen. Aufkochen und 15 Minuten bei sehr geringer Hitze köcheln lassen, bis der Reis und der Blumenkohl weich sind und der Reis die Brühe vollständig aufgesogen hat.

Das Koriandergrün untermischen und servieren.

PICCALILLI – SENFPICKLES

ERGIBT 6 GLÄSER À 250 MILLILITER

400 g Blumenkohl, gehackt

1 kleine Salatgurke, gehackt

200 g grüne Bohnen, geputzt und gehackt

1 Zwiebel, gehackt

2 Möhren, gehackt

2 Stangen Sellerie, gehackt

4 EL Meersalz

225 g Zucker

1 EL Senfpulver

2 TL gemahlene Kurkuma

1 TL gemahlener Ingwer

1 rote Chilischote, die Samen entfernt
  und fein gehackt

1 l Weißweinessig

200 g tiefgekühlte Dicke Bohnen, geschält

60 g Mehl

Das Gemüse mit dem Meersalz in eine große Schüssel geben. Knapp mit Wasser bedecken, mit einem umgedrehten Teller beschweren und über Nacht ruhen lassen.

Am nächsten Tag abgießen, unter fließendem kaltem Wasser abspülen und abtropfen lassen. Anschließend mit dem Zucker, den Gewürzen, der Chilischote und 175 ml Essig in einen großen Topf geben, aufkochen, 3 Minuten bei geringer Hitze köcheln lassen und danach die Dicken Bohnen hinzufügen.

Das Mehl mit dem restlichen Essig anrühren, unter das Gemüse rühren und unter Rühren erhitzen, bis die Mischung kocht und eindickt.

Die Piccalilli in heiße, sterilisierte (siehe Anmerkung) Schraubgläser füllen, luftdicht verschließen, etikettieren und mit dem Datum versehen.

Piccalilli schmeckt köstlich zu einem kräftigen Cheddar und zu Fleisch, z. B. zu Roastbeef oder gekochtem Schinken.

ANMERKUNG: Um die Bakterien abzutöten, müssen die Gläser stets sterilisiert werden, bevor man sie mit Pickles, Konserven oder Marmeladen füllt. Die Gläser und Deckel mit kochendem Wasser ausspülen und 20 Minuten in den warmen Backofen stellen, bis sie vollständig getrocknet sind. (Auch die Gummiringe von Einmachgläsern können im Backofen getrocknet werden.) Die Gläser niemals mit einem Geschirrtuch abtrocknen. Selbst auf einem sauberen Tuch befinden sich Keime, die so auf die Gläser übertragen werden.

MINI-LASAGNE MIT PILZEN, PINIENKERNEN UND THYMIAN

FÜR 4 PERSONEN

200 g frische Lasagneblätter
Meersalz
300 g gemischte Pilze
80 g Butter
1 EL Olivenöl
2 Scheiben durchwachsener Bauchspeck ohne Schwarte, in etwa 4 × 2 cm große Stücke geschnitten
2 Knoblauchzehen, in dünne Scheiben geschnitten
1 EL Thymianblätter
1 EL Pinienkerne, leicht geröstet
3 EL Crème double
3 EL natives Olivenöl extra
frisch gemahlener schwarzer Pfeffer
4 EL Pecorino, in Späne gehobelt

Die Lasagneblätter in 16 Quadrate (Länge: à etwa 8 cm) schneiden. Die Hälfte der Quadrate in 4 Minuten in reichlich kochendem Salzwasser bissfest garen. Mit einem Schaumlöffel herausheben, 15–20 Sekunden in kaltem Wasser abschrecken und abtropfen lassen. Die Lasagnequadrate auf einem trockenen Geschirrtuch ausbreiten und mit einem zweiten Geschirrtuch abdecken. (Es macht nichts, wenn die Quadrate nach dem Kochen nicht mehr die gleiche Größe haben.) Danach die zweite Hälfte der Quadrate kochen.

Die Stielenden der Pilze abschneiden und die Hüte mit einem feuchten Tuch oder mit Küchenpapier säubern.

Die Butter und das Olivenöl in einer großen Pfanne erhitzen und die Pilze darin mit dem Bauchspeck 3–4 Minuten bei starker Hitze anbräunen. Den Knoblauch und den Thymian hinzufügen und 1 Minute anbraten. Pinienkerne, Crème double und 2 EL natives Olivenöl dazugeben und die Zutaten verrühren. Die Pfanne vom Herd nehmen und die Pilze mit Meersalz und Pfeffer abschmecken.

Den Backofengrill bei mittlerer bis starker Hitze vorheizen. Je 1 Lasagnequadrat auf vier vorgewärmte feuerfeste Teller legen und je 1 gehäuften EL Pilze daraufgeben. Den Vorgang noch zweimal wiederholen (die Lasagneblätter müssen nicht exakt aufeinandergelegt werden), mit einem Lasagnequadrat abschließen und darauf noch jeweils zwei bis drei Pilze verteilen.

Mit dem restlichen nativen Olivenöl beträufeln, mit dem Pecorino bestreuen und 1–2 Minuten unter den Grill schieben, bis der Käse geschmolzen ist. Heiß oder warm servieren.

ANMERKUNG: Für diese Lasagne eignen sich alle Arten von Pilzen, z. B. Maronen, Champignons und sogar Shiitakepilze. Die Hüte sollten jedoch nicht breiter als 4 cm sein.

Polentawürfel mit Pilzragout
Für 4 Personen

Fett für die Form

Für die Polenta
500 ml Gemüsebrühe oder Wasser
Meersalz
150 g Polenta
20 g Butter
75 g Parmesan, gerieben und
   3 EL geriebener Parmesan
   zum Bestreuen

5 g getrocknete Steinpilze
500 g Champignons
125 ml Olivenöl
1 Zwiebel, fein gehackt
3 Knoblauchzehen, fein gehackt
1 Lorbeerblatt
2 TL fein gehackter Thymian
2 TL fein gehackter Oregano
Meersalz und frisch gemahlener schwarzer
   Pfeffer
2 Handvoll glatte Petersilienblätter,
   fein gehackt
1 EL Balsamico-Essig

Eine flache, quadratische Auflauf- oder Kuchenform (Länge: 20 cm) einfetten.

Für die Polenta die Brühe oder das Wasser mit 1 Prise Meersalz in einem großen Topf aufkochen. Polenta unter Rühren einrieseln lassen und 15–20 Minuten bei geringer Hitze köcheln lassen, bis die Polenta sehr dick ist und sich von den Topfwänden löst. Dabei häufig umrühren. Den Topf vom Herd nehmen und die Butter und den Parmesan unterrühren. Die Polenta in die Auflaufform füllen, glatt streichen, abkühlen lassen und anschließend 20 Minuten in den Kühlschrank stellen.

Inzwischen die Steinpilze 10 Minuten in 125 ml kochendem Wasser einweichen. Abgießen (dabei 4 EL Einweichwasser auffangen) und abtropfen lassen.

Die Stielenden der Champignons abschneiden und die Hüte mit einem feuchten Tuch oder Küchenpapier säubern. Champignons in dicke Scheiben schneiden.

4 EL Olivenöl in einer großen Pfanne erhitzen und die Champignons mit den Steinpilzen darin in 4–5 Minuten bei mittlerer Hitze weich dünsten. Die Pilze aus der Pfanne nehmen und beiseitestellen.

Das restliche Olivenöl in der Pfanne erhitzen und die Zwiebel darin in 5 Minuten bei mittlerer Hitze weich dünsten. Den Knoblauch hinzufügen und 1 Minute anbraten.

Das Steinpilzwasser abseihen und mit Lorbeerblatt, Thymian und Oregano zur Zwiebel geben. Mit Meersalz und Pfeffer abschmecken und 2 Minuten kochen lassen. Die Pilze wieder in die Pfanne geben, die Petersilie und den Essig hinzufügen und 1 Minute kochen lassen, bis die Flüssigkeit fast vollständig verdunstet ist. Das Lorbeerblatt entfernen und das Pilzragout noch einmal abschmecken.

Inzwischen den Backofengrill auf mittlerer Stufe vorheizen. Die Polenta mit den übrigen 3 EL Parmesan bestreuen und 10 Minuten unter dem Grill überbacken, bis sie oben leicht gebräunt und der Käse geschmolzen ist. Anschließend in 10 cm große Quadrate schneiden.

Jeweils einen Polentawürfel in die Mitte der Teller setzen, das Pilzragout darauf verteilen, mit Pfeffer übermahlen und servieren.

GEBACKENE PILZE
FÜR 4 PERSONEN ALS BEILAGE

350 g kleine Champignons
200 g Austernpilze
200 g frische Shiitakepilze
2 EL natives Olivenöl extra

FÜR DIE GARNIERUNG
80 g frische Semmelbrösel (siehe Tipp)
3 EL geriebener Parmesan
2 EL fein gehackte glatte Petersilie
1 EL fein gehackter Thymian
2 Knoblauchzehen, zerdrückt
1 TL geschroteter schwarzer Pfeffer

Den Backofen auf 160 °C vorheizen.

Die Stielenden der Pilze abschneiden und die Hüte mit einem feuchten Tuch oder mit Küchenpapier säubern. Große Pilze halbieren.

Den Boden einer großen Auflaufform mit Wasser besprengen, die Pilze mit den Stielen nach oben nebeneinander in der Form verteilen.

Die Zutaten für die Garnierung in einer Schüssel mischen, die Pilze damit bestreuen, mit dem Olivenöl beträufeln, 12–15 Minuten backen und warm servieren.

TIPP: Nehmen Sie am besten ein altbackenes Brot vom Vortag, das Sie entrinden und in der Küchenmaschine zerkleinern. Es eignen sich Baguette, Sauerteigbrot oder ein anderes einfaches Brot von einem guten Bäcker.

Gemüse-Tian
Für 6–8 Personen als Beilage

1 kg rote Paprikaschoten
Fett für die Form
Meersalz und frisch gemahlener schwarzer
    Pfeffer
125 ml Olivenöl
2 EL Pinienkerne
800 g Mangold, die Stiele entfernt und die
    Blätter in breite Streifen geschnitten
frisch geriebene Muskatnuss
1 Zwiebel, gehackt
2 Knoblauchzehen
2 TL fein gehackter Thymian
750 g Tomaten, enthäutet, die Samen
    entfernt und gewürfelt
1 große Aubergine, in 1 cm dicke
    Scheiben geschnitten
5 kleine Zucchini (etwa 500 g), schräg in
    dünne Scheiben geschnitten
3 reife Tomaten, in 1 cm dicke Scheiben
    geschnitten
1 EL frische Semmelbrösel (siehe Tipp
    Seite 73)
4 EL geriebener Parmesan
30 g Butter in kleinen Stücken
Thymianblättchen zum Garnieren
    (nach Belieben)

Den Backofengrill auf höchster Stufe vorheizen. Paprikaschoten vierteln, Stielansatz, Samen und Scheidewände entfernen und Paprikaschoten mit der Schale nach oben unter den Grill legen, bis die Schale schwarz wird und Blasen wirft. In eine Schüssel geben, mit Frischhaltefolie abdecken und etwas abkühlen lassen. Die Schale anschließend abziehen und das Fruchtfleisch in breite Streifen schneiden. Eine mittelgroße Auflaufform einfetten, die Paprikastreifen darin verteilen und mit Meersalz und Pfeffer würzen.

Den Backofen auf 180 °C vorheizen. 2 EL Olivenöl in einer großen Pfanne erhitzen und die Pinienkerne darin in 1–2 Minuten bei mittlerer Hitze goldbraun rösten. Mit einem Schaumlöffel herausheben und beiseitestellen.

Die Mangoldblätter in die Pfanne geben und in 5 Minuten weich garen. Die Pinienkerne hinzufügen und mit Meersalz, Pfeffer und Muskat abschmecken. Die Mangoldmischung anschließend auf den Paprikaschoten verteilen.

Die Pfanne sauber reiben, 1 EL Olivenöl darin erhitzen und die Zwiebel in 7–8 Minuten bei mittlerer Hitze goldbraun anbraten. Knoblauch und Thymian hinzufügen und 1 Minute anbraten. Die Tomatenwürfel dazugeben, aufkochen und bei geringer Hitze 10 Minuten köcheln lassen. Die Sauce dann gleichmäßig auf den Mangoldblättern verteilen.

Die Pfanne erneut sauber reiben, das restliche Öl darin erhitzen und die Auberginenscheiben portionsweise auf jeder Seite in 4–5 Minuten goldbraun braten. Auf Küchenpapier abtropfen lassen, in einer Schicht auf der Tomatensauce verteilen und sparsam würzen.

Die Zucchini- und die Tomatenscheiben abwechselnd auf die Auberginen schichten, mit den Semmelbröseln und dem Parmesan bestreuen und mit Butterflöckchen belegen.

Den Auflauf 25–30 Minuten backen, bis die Oberfläche leicht gebräunt ist, und warm servieren. Nach Belieben mit Thymianblättchen garnieren.

TIPP: Tomaten lassen sich am besten enthäuten, wenn man sie vorher am Stielansatz kreuzweise einritzt, 20 Sekunden in kochendes Wasser legt und anschließend in Eiswasser abschreckt. Die Tomaten danach trocken tupfen und die Schale vom Stielansatz her abziehen.

CHAMPIGNONTERRINE MIT MINI-TOASTS
FÜR 4–6 PERSONEN ALS VORSPEISE

60 g Butter
1 kleine Zwiebel, gehackt
3 Knoblauchzehen, zerdrückt
375 g kleine Champignons, geviertelt
125 g Mandelblättchen, geröstet
2 EL Sahne
2 EL fein gehackter Thymian
3 EL fein gehackte glatte Petersilie
Meersalz und frisch gemahlener schwarzer
   Pfeffer
6 Scheiben Vollkornbrot

Die Butter in einer großen Pfanne erhitzen und die Zwiebel darin in 5 Minuten bei mittlerer Hitze weich dünsten. Den Knoblauch hinzufügen und 1 Minute anbraten.

Die Pilze in die Pfanne geben und 5–10 Minuten bei starker Hitze braten, bis sie weich sind und die Flüssigkeit verdunstet ist. Dabei häufig umrühren. Die Pfanne dann vom Herd nehmen und die Pilze abkühlen lassen.

Mandelblättchen in der Küchenmaschine grob hacken, die Pilzmischung dazugeben und das Ganze zu einem glatten Püree verrühren. Die Sahne hinzufügen. Die Kräuter untermischen und mit Meersalz und Pfeffer abschmecken.

Die Mischung auf zwei kleine Auflaufformen verteilen und die Oberfläche glatt streichen. Abdecken und 4–5 Stunden in den Kühlschrank stellen, damit sich das Aroma entfalten kann.

Den Backofen auf 160 °C vorheizen. Die Brotscheiben entrinden. Die Scheiben dann zunächst einmal diagonal halbieren und dann noch einmal halbieren, sodass kleine Dreiecke entstehen. Das Brot auf einem Backblech verteilen und in 20–25 Minuten knusprig backen.

Sofort mit der Champignonterrine servieren.

SPINATSALAT MIT ROASTBEEF UND MEERRETTICHCREME
FÜR 4 PERSONEN

FÜR DIE MEERRETTICHCREME
125 g griechischer Joghurt
1 EL geriebener Meerrettich (aus dem
   Glas)
2 EL frisch gepresster Zitronensaft
2 EL Sahne
2 Knoblauchzehen, zerdrückt
2–3 Spritzer Tabasco
frisch gemahlener schwarzer Pfeffer

200 g grüne Bohnen, geputzt
Meersalz
500 g Rumpsteak, in 3 cm dicke Scheiben
   geschnitten
1 rote Zwiebel, halbiert
1 EL Olivenöl
100 g junger Spinat, geputzt
50 g Brunnenkresse
200 g getrocknete Tomaten
frisch gemahlener schwarzer Pfeffer

In einer Schüssel Joghurt, Meerrettich, Zitronensaft, Sahne, Knoblauch und Tabasco für die Meerrettichcreme verrühren und mit etwas Pfeffer würzen. Zudecken und mindestens 15 Minuten in den Kühlschrank stellen.

Inzwischen die Bohnen in 4 Minuten in kochendem Salzwasser weich garen. Abgießen, unter fließendem kaltem Wasser abschrecken, gut abtropfen lassen und beiseitestellen.

Eine Grillpfanne oder Grillplatte auf höchster Stufe vorheizen. Die Fleischscheiben und die Zwiebelhälften mit dem Olivenöl bestreichen. Das Fleisch auf jeder Seite 2 Minuten grillen, anschließend auf einen Teller legen, mit Frischhaltefolie abdecken und 5 Minuten ruhen lassen.

Inzwischen die Zwiebelhälften auf jeder Seite 2–3 Minuten grillen, bis sie gut gebräunt und weich sind.

Den Spinat in einer großen Salatschüssel mit der Brunnenkresse, den getrockneten Tomaten und den Bohnen mischen.

Das Fleisch quer zur Faser in Streifen schneiden und auf dem Salat anrichten. Die gegrillte Zwiebel in halbe Ringe schneiden und ebenfalls auf dem Salat verteilen. Mit der Meerrettichcreme beträufeln, kräftig mit Meersalz und Pfeffer abschmecken und servieren.

ANMERKUNG: Bei der hier angegebenen Grillzeit ist das Fleisch innen noch blutig. Wenn Sie es lieber medium oder durchgebraten mögen, grillen Sie es einfach etwas länger.

Pizza spinaci
Ergibt 2 Stück

Für den Teig
1 EL Zucker
2 TL Trockenhefe oder 15 g frische Hefe
450 g Mehl und Mehl für die Arbeitsfläche
1 Msp. Meersalz
3 EL Olivenöl und Öl für die Schüssel und
   die Backbleche
Maisstärke zum Bestäuben

Für den Belag
4 EL Olivenöl und Olivenöl
   zum Bestreichen
4 Knoblauchzehen, zerdrückt
4 EL Pinienkerne
1 kg junger Spinat, geputzt
Meersalz und frisch gemahlener schwarzer
   Pfeffer
400 ml Tomatensauce (Fertigprodukt)
450 g Mozzarella, gerieben
30 sehr kleine schwarze Oliven
50 g Parmesan, gerieben

Zucker und Hefe in einer Schüssel mit etwa 100 ml lauwarmem Wasser anrühren und 10 Minuten an einem warmen, vor Zugluft geschützten Platz gehen lassen.

In einer großen Schüssel das Mehl mit dem Meersalz mischen und eine Mulde in die Mitte drücken. Das Olivenöl, 100 ml lauwarmes Wasser und den Hefeansatz hineingießen und die Zutaten mit einem Holzspatel zu einem Teig verrühren. Den Teig anschließend 8 Minuten auf der leicht bemehlten Arbeitsfläche durchkneten, bis er weich, glatt und elastisch ist.

Den Teig in eine große, mit Öl eingefettete Schüssel legen und mehrmals darin wenden, bis er mit dem Öl überzogen ist. Mit Frischhaltefolie abdecken und 1–1½ Stunden an einem warmen, vor Zugluft geschützten Platz gehen lassen, bis er sein Volumen verdoppelt hat.

Den Backofen auf 220 °C vorheizen und zwei Backbleche mit Öl einfetten.

Für den Belag das Olivenöl in einer großen Kasserolle erhitzen und Knoblauch und Pinienkerne darin in 5–6 Minuten bei geringer Hitze goldbraun rösten. Dabei häufig umrühren. Den Spinat (gegebenenfalls portionsweise) hinzufügen, die Wärmezufuhr erhöhen und den Spinat unter Rühren zusammenfallen lassen. Mit Meersalz und Pfeffer abschmecken und beiseitestellen.

Mit der leicht bemehlten Faust vorsichtig die Luft aus dem Teig herausschlagen. Den Teig in zwei gleich große Portionen teilen und zu zwei Rechtecken in der Größe der Backbleche ausrollen.

Die Pizzaböden mit Maisstärke bestäuben, die Tomatensauce darauf verstreichen (dabei einen kleinen Rand frei lassen), mit der Hälfte des Mozzarellas bestreuen, den Spinat und zum Schluss die Oliven darauf verteilen und den restlichen Mozzarella und den Parmesan darüberstreuen.

Die Pizzas 12–15 Minuten backen, bis der Teig aufgegangen und goldbraun ist. Vor dem Servieren den Rand mit etwas Olivenöl bestreichen.

ANMERKUNG: Das Rezept ist für zwölf Personen berechnet. Für sechs Personen einfach die Zutatenmengen halbieren.

Reis-Spinat-Pie mit Speck
Für 4–6 Personen

750 ml Rinderbrühe
50 g Butter und Butter für die Form
2 EL Olivenöl
1 große Zwiebel, fein gehackt
2 Knoblauchzehen, fein gehackt
175 g Speck in Scheiben,
   klein geschnitten
225 g Risottoreis
800 g Spinat, geputzt und grob gehackt
4 Eier, verquirlt
50 g Parmesan, gerieben
1 TL geschroteter schwarzer Pfeffer
4 EL Paniermehl

Die Brühe in einem Topf aufkochen, den Deckel auflegen und die Brühe bei geringer Hitze köcheln lassen.

Die Butter mit 1 EL Olivenöl in einer großen Pfanne erhitzen und die Zwiebel darin 3–4 Minuten bei mittlerer Hitze anschwitzen. Knoblauch und Speck hinzufügen und 1 Minute anbraten.

Den Reis in die Pfanne geben und gut umrühren. 125 ml Brühe angießen und den Reis bei geringer Hitze unter Rühren köcheln lassen, bis er die Brühe vollständig aufgesogen hat. Den Vorgang so lange wiederholen, bis die Brühe aufgebraucht ist.

Inzwischen den Backofen auf 160 °C vorheizen.

Den Spinat unter den Reis mischen, den Deckel auflegen und alles 2 Minuten köcheln lassen, bis der Spinat zusammengefallen ist. Reis-Spinat-Mischung in eine Schüssel geben und etwas abkühlen lassen. Anschließend Eier, Parmesan und Pfeffer unterrühren.

Eine Springform (23 cm Ø) einfetten und mit 3 EL Paniermehl ausstreuen. Die Reis-Spinat-Mischung einfüllen, mit dem restlichen Olivenöl beträufeln und mit dem restlichen Paniermehl bestreuen.

Die Pie 40–45 Minuten backen, anschließend aus dem Ofen nehmen, in der Form etwas abkühlen lassen, aufschneiden und zimmerwarm servieren.

SPANAKORIZO – GRIECHISCHER SPINATREIS

FÜR 6 PERSONEN ALS BEILAGE ODER LEICHTE MAHLZEIT

400 g Spinat (siehe Tipp)
6 Frühlingszwiebeln
2 EL Olivenöl
1 große Zwiebel, gehackt
2 Knoblauchzehen, zerdrückt
325 g weißer Kurzkornreis
1 EL fein gehackter Dill
1 EL fein gehackte glatte Petersilie
2 EL frisch gepresster Zitronensaft
Meersalz und frisch gemahlener schwarzer
   Pfeffer
375 ml Gemüsebrühe

Den Spinat waschen und gut abtropfen lassen. Die Blätter von den Stielen zupfen und die Stiele hacken. Die Frühlingszwiebeln mit dem Grün fein hacken.

Das Olivenöl in einer großen Kasserolle mit fest schließendem Deckel erhitzen und die Zwiebel darin in 5 Minuten bei mittlerer Hitze weich dünsten. Knoblauch hinzufügen und 1 Minute anbraten.

Frühlingszwiebeln und Reis dazugeben und den Reis 2 Minuten unter Rühren glasig anschwitzen. Spinat, Kräuter und 1 EL Zitronensaft hinzufügen und kräftig mit Meersalz und Pfeffer abschmecken.

Die Brühe und 375 ml Wasser angießen, den Deckel auflegen, aufkochen und 15 Minuten bei geringer Hitze köcheln lassen.

Den Topf dann vom Herd nehmen und den Reis zugedeckt 5 Minuten ruhen lassen. Den restlichen Zitronensaft unterrühren, gegebenenfalls noch einmal abschmecken und servieren.

TIPP: Der Spinat kann auch durch Mangold ersetzt werden. Den Mangold waschen und die dicken Stiele abschneiden. Die Blätter grob hacken, in reichlich kochendem Salzwasser blanchieren, unter fließendem kaltem Wasser abschrecken und mit den Kräutern zum Reis geben.

WARMER MANGOLD-KICHERERBSEN-SALAT
FÜR 4 PERSONEN ALS BEILAGE

225 g getrocknete Kichererbsen, über
  Nacht in reichlich Wasser eingeweicht
125 ml Olivenöl
1 Zwiebel, in Spalten geschnitten
2 Tomaten
1 TL Zucker
1 Msp. gemahlener Zimt
2 Knoblauchzehen, gehackt
1,5 kg Mangold
3 EL fein gehackte Minze
2–3 EL frisch gepresster Zitronensaft
1½ EL gemahlener Sumak (siehe
  Anmerkung)
Meersalz und frisch gemahlener schwarzer
  Pfeffer

Die eingeweichten Kichererbsen abgießen, in einen großen Topf füllen, mit reichlich Wasser bedecken, aufkochen und in 1¾ Stunden bei geringer Hitze weich garen. Anschließend abgießen, gut abtropfen lassen und beiseitestellen.

Das Olivenöl in einer Kasserolle erhitzen und die Zwiebel darin 5 Minuten bei geringer Hitze anbraten, bis sie weich und ganz leicht gebräunt ist.

Inzwischen die Tomaten halbieren, die Samen mit einem Teelöffel herauskratzen und das Fruchtfleisch hacken. Die Tomaten mit Zucker, Zimt und Knoblauch zu den Zwiebeln geben und in 2–3 Minuten weich dünsten. Die Kichererbsen dazugeben.

Den Mangold von den dicken Stielen und den harten Blattrippen befreien. Die Blätter in feine Streifen schneiden, zu den Kichererbsen geben und 3–4 Minuten kochen, bis sie zusammenfallen. Minze, Zitronensaft und Sumak unterrühren und mit Meersalz und Pfeffer abschmecken. Noch einmal 1 Minute erhitzen und servieren.

ANMERKUNG: Sumak ist ein scharfes, säuerliches Gewürz, das sich im Nahen Osten großer Beliebtheit erfreut. Bei uns ist es in Delikatessengeschäften und Gewürzhandlungen erhältlich.

GRÜNE BOHNEN MIT KNOBLAUCH
FÜR 4 PERSONEN ALS BEILAGE

600 g Prinzessbohnen, geputzt
Meersalz
3 EL Olivenöl
4 Knoblauchzehen
40 g frische Semmelbrösel
 (siehe Tipp Seite 73)
2 EL fein gehackte glatte Petersilie
frisch gemahlener schwarzer Pfeffer

Die Bohnen in 3 Minuten in reichlich kochendem Salzwasser bissfest garen. Abgießen, unter fließendem kaltem Wasser abschrecken, gut abtropfen lassen und mit Küchenpapier trocken tupfen.

Das Olivenöl in einer großen Pfanne erhitzen und den Knoblauch darin in 5–6 Minuten bei mittlerer Hitze goldbraun braten. Mit einem Schaumlöffel herausnehmen und wegwerfen.

Die Semmelbrösel in die Pfanne geben und in 3–4 Minuten unter Rühren braun und knusprig braten. Die Bohnen und die Petersilie dazugeben, umrühren und die Bohnen kurz heiß werden lassen. Mit Meersalz und Pfeffer abschmecken und warm oder zimmerwarm servieren.

GRÜNE BOHNEN MIT TOMATE UND OLIVENÖL
FÜR 4 PERSONEN ALS BEILAGE

4 EL Olivenöl
1 große Zwiebel, gehackt
3 Knoblauchzehen, fein gehackt
1 Dose Tomatenstücke (400 g)
½ TL Zucker
Meersalz und frisch gemahlener schwarzer
 Pfeffer
750 g grüne Bohnen, geputzt
3 EL gehackte glatte Petersilie

Das Olivenöl in einer großen Pfanne erhitzen und die Zwiebel darin bei mittlerer Hitze in 5 Minuten weich dünsten. Den Knoblauch dazugeben und 30 Sekunden anbraten.

Tomaten, Zucker und 125 ml Wasser hinzufügen, mit Meersalz und Pfeffer abschmecken, aufkochen und 10 Minuten bei geringer Hitze köcheln lassen, bis die Flüssigkeit etwas eingekocht ist.

Die Bohnen dazugeben und bei leicht geöffnetem Deckel 10 Minuten köcheln lassen, bis die Bohnen weich und die Tomaten zu einer dicken Sauce eingekocht sind.

Die Petersilie unterrühren, noch einmal abschmecken und servieren.

GEMÜSETERRINE
FÜR 8 PERSONEN ALS VORSPEISE

8 große Auberginenscheiben, auf dem
    Holzkohlegrill gegrillt und abgetropft
10 breite Streifen rote Paprikaschote,
    auf dem Holzkohlegrill gegrillt und
    abgetropft
8 Zucchinischeiben, auf dem Holz-
    kohlegrill gegrillt und abgetropft
350 g Ricotta
2 Knoblauchzehen, zerdrückt
Meersalz und frisch gemahlener schwarzer
    Pfeffer
50 g Rucola, geputzt
3 Artischockenböden (aus dem Glas),
    abgetropft und in Scheiben geschnitten
75 g getrocknete Tomaten, abgetropft und
    gehackt
100 g eingelegte Pilze, abgetropft und
    halbiert

Eine Kastenform mit Frischhaltefolie auskleiden und die Folie an den Seiten großzügig überhängen lassen.

Den Boden mit der Hälfte der Auberginenscheiben auslegen. Die Scheiben gegebenenfalls auf die richtige Größe zurechtschneiden. Zuerst die Hälfte der Paprikaschoten, dann die Zucchinischeiben gleichmäßig darauf verteilen. Ricotta und Knoblauch mit einem Holzkochlöffel kräftig zu einer glatten Creme verrühren, mit Meersalz und Pfeffer abschmecken, auf den Zucchini verstreichen und das Gemüse dabei gut andrücken. Rucola und danach Artischocken, Tomaten und Pilze darauf verteilen.

Die restlichen Paprikaschoten darauflegen und mit den übrigen Auberginenscheiben abschließen.

Die Frischhaltefolie darüberschlagen und ein Stück Pappe darauflegen. Die Terrine mit vollen Konservendosen beschweren und über Nacht in den Kühlschrank stellen.

Vor dem Servieren die Folie öffnen, die Terrine auf eine Servierplatte stürzen, die Folie vollständig entfernen, die Terrine in dicke Scheiben schneiden und servieren.

SALAT NIÇOISE MIT GRÜNEN BOHNEN UND GEGRILLTEM THUNFISCH

FÜR 4 PERSONEN

FÜR DAS DRESSING

4 EL Olivenöl

2 Knoblauchzehen, zerdrückt

1 TL Dijonsenf

1 EL Champagneressig

Meersalz und frisch gemahlener schwarzer Pfeffer

2 Thunfischfilets à 150 g

Olivenöl zum Bestreichen

225 g grüne Bohnen, geputzt

Meersalz

450 g neue Kartoffeln, abgebürstet und halbiert

2 große Handvoll Salatblätter, in mundgerechte Stücke zerteilt

8 Kirschtomaten, halbiert

12 Kalamata-Oliven oder andere schwarze Oliven

2 Eier, hart gekocht

4 Sardellen, halbiert

1 EL Kapern in Salzlake, abgespült und abgetropft

Öl, Knoblauch, Senf und Essig in einer kleinen Schüssel verrühren, mit Meersalz und Pfeffer abschmecken und beiseitestellen.

Die Grillplatte oder eine große Pfanne bei mittlerer Hitze heiß werden lassen. Die Thunfischfilets mit Olivenöl bepinseln und auf jeder Seite 1½–2 Minuten grillen, bis sie außen schön braun, innen aber noch leicht roh sind. Den Fisch auf einen Teller legen und abkühlen lassen.

Die Bohnen in 3 Minuten in kochendem Salzwasser bissfest garen, mit einer Zange aus dem Topf nehmen und abtropfen lassen. Anschließend die Kartoffeln in den Topf geben und in 10 Minuten weich kochen. Abgießen, abtropfen und etwas abkühlen und mit den Salatblättern in eine flache Salatschüssel geben. 2 EL Dressing hinzufügen und die Zutaten vorsichtig durchmischen. Zum Schluss die Tomaten darüberstreuen.

Den Thunfisch schräg in 5 mm dicke Streifen schneiden und auf den Tomaten anrichten. Bohnen, Oliven und die gepellten und geviertelten Eier hinzufügen. Die Sardellen und die Kapern darauf verteilen, mit dem restlichen Dressing beträufeln und servieren.

GESCHMORTER SELLERIE
FÜR 4 PERSONEN ALS BEILAGE

Fett für die Form
30 g Butter
1 Staude Stangensellerie, geputzt und in
  5 cm lange Stücke geschnitten
500 ml Hühner- oder Gemüsebrühe
abgeriebene Schale von 1 unbehandelten
  Zitrone
3 EL frisch gepresster Zitronensaft
3 EL Sahne
2 Eigelb
1 EL Maisstärke
1 Prise gemahlene Macis (Muskatblüte)
  oder frisch geriebene Muskatnuss
Meersalz und frisch gemahlener schwarzer
  Pfeffer
1–2 EL fein gehackte Petersilie

Den Backofen auf 160 °C vorheizen und eine große, flache Auflaufform einfetten.

Die Butter in einer großen Pfanne erhitzen. Den Sellerie hineingeben und in der Butter wenden, bis er damit überzogen ist. Den Deckel auflegen und den Sellerie 2 Minuten bei mittlerer Hitze andünsten.

Die Brühe angießen, Zitronenschale und -saft hinzufügen, den Deckel auflegen und den Sellerie bei geringer Hitze bissfest garen. Mit einem Schaumlöffel herausheben und in der Auflaufform verteilen. 3 EL Kochflüssigkeit aufheben.

In einer Schüssel die Sahne mit den Eigelben und der Maisstärke verrühren und anschließend die Selleriekochflüssigkeit unterrühren. Die Mischung in die Pfanne gießen und unter Rühren erhitzen, bis sie kocht und eindickt. Mit Macis oder Muskat, Meersalz und Pfeffer abschmecken.

Den Sellerie mit der Sauce übergießen und 15 Minuten im Backofen schmoren, bis der Sellerie sehr weich ist und die Sauce kocht.

Mit der Petersilie bestreuen und warm mit pochierter Hähnchenbrust, gegrilltem Lammfleisch oder Corned Beef servieren.

GURKENSALAT MIT FETA, MINZE UND DILL

FÜR 4 PERSONEN

125 g Feta
4 Gärtnergurken
1 kleine rote Zwiebel, in dünne Ringe
  geschnitten
1½ EL fein gehackter Dill
1 EL getrocknete Minze
3 EL Olivenöl
1½ EL frisch gepresster Zitronensaft
Meersalz und frisch gemahlener schwarzer
  Pfeffer
knuspriges Brot

Den Feta in 1 cm große Stücke zerkrümeln und in eine große Schüssel geben. Die Gurken längs halbieren, in 1 cm dicke Scheiben schneiden und mit der Zwiebel und dem Dill in die Schüssel geben.

Die Minze im Mörser zerstoßen oder durch ein Sieb streichen und in einer kleinen Schüssel kräftig mit dem Olivenöl und dem Zitronensaft verrühren. Sparsam mit Meersalz und Pfeffer würzen. Die Sauce über den Salat gießen, die Zutaten gut durchmischen und den Salat mit knusprigem Brot servieren.

WALDORFSALAT

FÜR 4 PERSONEN

Salatblätter
2 rote Äpfel, geviertelt und die Kerngehäuse entfernt
1 großer grüner Apfel, geviertelt und
  das Kerngehäuse entfernt
1½ Stangen Sellerie, in Scheiben
  geschnitten
3 EL Walnusshälften
2 EL Mayonnaise
1 EL Sauerrahm

Eine Servierschüssel mit Salatblättern auslegen. Die Äpfel in 2 cm große Stücke schneiden und mit dem Sellerie und den Walnüssen in eine große Schüssel geben.

In einer kleinen Schüssel die Mayonnaise mit dem Sauerrahm verrühren und anschließend mit Äpfeln, Sellerie und Walnüssen vermengen. Den Salat in die Servierschüssel umfüllen und servieren.

GEGRILLTE LACHSKOTELETTS MIT SÜSSEM GURKENDRESSING

FÜR 4 PERSONEN

FÜR DAS GURKENDRESSING

2 kleine Gärtnergurken, geschält, die Kerne entfernt und fein gewürfelt

1 rote Zwiebel, fein gehackt

1 rote Chilischote, die Samen entfernt und fein gehackt

2 EL eingelegter Ingwer, klein geschnitten (siehe Anmerkung)

2 EL Reisessig

½ TL Sesamöl

Öl zum Bestreichen

2 Lachs- oder Regenbogenforellen- koteletts

1 geröstetes Noriblatt, in feine Streifen geschnitten (siehe Anmerkung)

gedämpfter Reis zum Servieren

Die Dressingzutaten in einer Schüssel mischen, mit Frisch- haltefolie abdecken und bei Zimmertemperatur durchziehen lassen.

Die Grillplatte oder eine große Pfanne bei mittlerer bis starker Hitze heiß werden lassen und dünn mit Öl ein- streichen. Die Lachs- oder Forellenkoteletts auf jeder Seite 2 Minuten grillen. Dabei darauf achten, dass der Fisch nicht zu lange gart, er wird sonst trocken. Die Koteletts sollten in der Mitte noch rosa sein.

Den Lachs auf einer vorgewärmten Servierplatte anrich- ten, mit dem Gurkendressing überziehen, mit den Noristreifen bestreuen und mit dem gedämpften Reis servieren.

ANMERKUNG: Eingelegter Ingwer und Nori sind Zutaten aus der japa- nischen Küche. Man bekommt sie in asiatischen Lebensmittelgeschäf- ten und gut sortierten Supermärkten.

HUMMERSUPPE MIT ZUCCHINI UND AVOCADO

FÜR 4 PERSONEN

50 g Butter

2 Schalotten, fein gehackt

1 Zwiebel, fein gehackt

1 Zucchini, in etwa 5 mm große Stücke
geschnitten

1 Knoblauchzehe, zerdrückt

2½ EL trockener Weißwein

400 ml Fischbrühe

250 g Hummerfleisch, gehackt

250 g Crème double

Meersalz und frisch gemahlener schwarzer
Pfeffer

1 Avocado, gewürfelt

1 EL gehacktes Koriandergrün

1 EL gehackte Petersilie

frisch gepresster Zitronensaft zum
Beträufeln

Die Butter in einer großen Kasserolle zerlassen und Schalotten, Zwiebel, Zucchini und Knoblauch darin in 5–6 Minuten bei mittlerer Hitze gerade weich dünsten.

Den Wein hinzufügen, aufkochen und 3 Minuten kochen lassen. Die Brühe angießen, erneut aufkochen lassen und die Wärmezufuhr dann verringern. Das Hummerfleisch in den Topf geben und 3–4 Minuten köcheln lassen, bis es nicht mehr durchsichtig ist. Crème double einrühren und mit Meersalz und Pfeffer abschmecken.

Die Suppe auf vier vorgewärmte Suppenschalen verteilen, jeweils einige Avocadowürfel, etwas Koriander und Petersilie unterrühren, mit etwas Zitronensaft beträufeln und servieren.

VARIANTE: Der Hummer lässt sich durch Flusskrebse oder Garnelen ersetzen.

ZUCCHINIKÜCHLEIN
FÜR 4 PERSONEN ALS VORSPEISE ODER BEILAGE

FÜR DAS TSATSIKI
1 Gärtnergurke
Meersalz
250 g griechischer Joghurt
1 kleine Knoblauchzehe, zerdrückt
1 EL gehackter Dill
2 TL Weißweinessig
frisch gemahlener weißer Pfeffer

300 g Zucchini, geraspelt
1 kleine Zwiebel, fein gehackt
3 EL Mehl
4 EL geriebener Parmesan
1 EL fein gehackte Minze
2 TL fein gehackte glatte Petersilie
1 Prise frisch geriebene Muskatnuss
3 EL Paniermehl
1 Ei, verquirlt
Meersalz und frisch gemahlener schwarzer
   Pfeffer
Olivenöl zum Braten
Rucola, geputzt
unbehandelte Zitronenschnitze
   (nach Belieben)

Für das Tsatsiki die Gurke sehr fein schneiden und in ein Sieb geben. Mit Meersalz bestreuen, das Sieb ins Spülbecken oder auf einen Teller stellen und die Gurken 15–20 Minuten entwässern.

In einer Schüssel den Joghurt mit Knoblauch, Dill und Essig verrühren. Die Gurke dazugeben, mit Meersalz und weißem Pfeffer abschmecken, zudecken und bis zum Servieren kalt stellen.

Inzwischen den Backofen auf 100 °C vorheizen.

Die Zucchini mit der Zwiebel in ein sauberes Geschirrtuch geben und die Flüssigkeit möglichst vollständig herauspressen. Das ausgedrückte Gemüse mit Mehl, Käse, Minze, Petersilie, Muskat, Paniermehl und dem verquirlten Ei in eine große Schüssel geben. Kräftig mit Meersalz und schwarzem Pfeffer abschmecken und die Zutaten mit den Händen zu einem festen Teig verarbeiten.

Eine große Pfanne 1 cm hoch mit Olivenöl füllen und bei mittlerer Hitze heiß werden lassen. Pro Küchlein 2 EL Teig in das heiße Öl geben, etwas verstreichen und 2–3 Minuten backen, bis die Küchlein rundherum schön braun sind. Auf Küchenpapier abtropfen lassen und im Backofen warm halten, bis die restlichen Küchlein fertig sind. Heiß mit Rucola, Tsatsiki und nach Belieben mit Zitronenschnitzen servieren.

ROSENKOHL MIT PANCETTA
FÜR 4 PERSONEN ALS BEILAGE

100 g durchwachsener Speck (vorzugsweise Pancetta), in dünne Scheiben
  geschnitten
4 Schalotten
20 g Butter
1 EL Olivenöl
1 Knoblauchzehe, zerdrückt
500 g Rosenkohl, geputzt und in dicke
  Scheiben geschnitten
frisch gemahlener schwarzer Pfeffer

Den Backofengrill auf höchster Stufe vorheizen. Ein Backblech mit Alufolie auslegen, den Speck darauf verteilen und für 8–10 Minuten unter den Grill schieben. Den Speck 1 Minute grillen, bis er knusprig ist, und dann beiseitestellen.

Die Schalotten 5 Minuten in kochendes Wasser legen, damit sie sich leichter schälen lassen. Mit einem Schaumlöffel herausheben, etwas abkühlen lassen, schälen und in breite Ringe schneiden.

Die Butter mit dem Olivenöl in einer großen Pfanne erhitzen und die Schalotten mit dem Knoblauch darin bei mittlerer Hitze in 3–4 Minuten leicht anbräunen. Den Rosenkohl dazugeben, mit Pfeffer würzen und in 4–5 Minuten goldbraun und knusprig braten. Die Herdplatte ausschalten, die Pfanne zudecken und 5 Minuten ruhen lassen.

Den Speck in große Stücke brechen, vorsichtig unter das Gemüse heben und servieren.

GARNELEN-FENCHEL-SALAT
FÜR 4 PERSONEN

1,5 kg rohe Riesengarnelen
300 g Brunnenkresse
1 große Fenchelknolle, in dünne Scheiben geschnitten
2 EL Schnittlauchröllchen
125 ml natives Olivenöl extra
3 EL frisch gepresster Zitronensaft
1 EL Dijonsenf
1 große Knoblauchzehe, fein gehackt
Meersalz und frisch gemahlener schwarzer Pfeffer

Die Garnelen schälen, längs einschneiden und jeweils die schwarzen Darmfäden entfernen. Garnelen abspülen. Inzwischen Wasser in einem Topf aufkochen. Die Garnelen in den Topf geben, das Wasser wieder zum Kochen bringen und die Garnelen darin 2 Minuten köcheln lassen, bis sie nicht mehr durchsichtig und gerade durchgegart sind. Gut abtropfen und abkühlen lassen, der Länge nach halbieren und in eine große Servierschüssel füllen.

Die Kresseblättchen abzupfen, die Stiele wegwerfen. Die Blätter waschen und sorgfältig trocknen. Mit dem Fenchel und dem Schnittlauch zu den Garnelen geben und die Zutaten gut durchmischen.

In einer Schüssel das Olivenöl kräftig mit Zitronensaft, Senf und Knoblauch verrühren. Das Dressing über den Salat gießen, mit Meersalz und Pfeffer abschmecken und die Zutaten vorsichtig durchmischen. Den Salat auf vier Tellern anrichten und servieren.

FLORENTINER SCHWEINEBRATEN

FÜR 6 PERSONEN

3 große Fenchelknollen mit Grün
½ EL fein gehackte Rosmarinnadeln
4 Knoblauchzehen, zerdrückt
Meersalz und frisch gemahlener schwarzer Pfeffer
1,5 kg Schweinelende, enthäutet
3 weiße Zwiebeln
90 ml Olivenöl
175 ml trockener Weißwein
4 EL natives Olivenöl extra
250 ml Hühnerbrühe
3–4 EL Crème double

Den Backofen auf 180 °C vorheizen.

Die Spitzen des Fenchelkrauts abschneiden, hacken (Sie benötigen 2 EL davon) und in einer kleinen Schüssel mit Rosmarin, Knoblauch, etwas Meersalz und Pfeffer mischen. Das Fleisch mit einem kleinen, scharfen Messer mehrfach rundherum tief einschneiden und die Fenchelmischung in die Schlitze reiben.

2 Zwiebeln halbieren und in einen Bräter legen, das Fleisch darauflegen und mit dem Olivenöl beträufeln.

Das Fleisch 30 Minuten braten. Anschließend mit dem Bratfond begießen, Ofentemperatur auf 160 °C herunterschalten und das Fleisch weitere 30 Minuten braten. Erneut mit dem Bratfond begießen und mit etwas Meersalz bestreuen. Die Hälfte des Weins in den Bräter gießen, das Fleisch weitere 30–45 Minuten garen und dabei ein- bis zweimal mit dem Bratfond begießen. Um die Garprobe zu machen, das Fleisch an der dicksten Stelle mit einem Spieß einstechen. Es ist gar, wenn ein klarer Saft herausläuft.

Inzwischen die harten äußeren Schichten von den Fenchelknollen ablösen und wegwerfen. Die Knollen der Länge nach in 1 cm breite Scheiben schneiden und in einen großen Topf geben. Die übrige Zwiebel schälen, in dünne Ringe schneiden und mit dem nativen Olivenöl und etwas Meersalz zum Fenchel geben. Das Gemüse mit Wasser bedecken, den Deckel auflegen, aufkochen, in 45 Minuten bei geringer Hitze weich garen und anschließend warm stellen.

Das Fleisch aus dem Bräter nehmen, lose in Alufolie einschlagen und 15–20 Minuten an einem warmen Platz ruhen lassen. Das Fett vom Bratfond abschöpfen und die Zwiebeln herausnehmen.

Den Bräter auf die Herdplatte stellen, bei starker Hitze den restlichen Wein angießen und unter Rühren den Bratensatz vom Topfboden loskochen. Die Brühe hineingießen und die Sauce so lange kochen, bis sie eindickt. Den Topf vom Herd nehmen, die Sauce mit Meersalz und Pfeffer abschmecken und die Crème double einrühren.

Den Fenchel auf vorgewärmte Teller verteilen, das Fleisch in Scheiben schneiden und auf dem Fenchel anrichten. Die Sauce getrennt dazu reichen.

FENCHEL MIT PUMPERNICKELSTREUSELN

FÜR 6 PERSONEN ALS BEILAGE

Fett für die Form
100 ml frisch gepresster Zitronensaft
2 Fenchelknollen
1 EL Honig
frisch gemahlener schwarzer Pfeffer
1 EL Mehl
300 g Sahne

FÜR DIE STREUSEL
75 g Haferflocken
60 g Mehl
100 g Pumpernickel, zerkrümelt
  (siehe Anmerkung)
60 g Butter
1 Knoblauchzehe, zerdrückt

Den Backofen auf 160 °C vorheizen und eine große Auflaufform einfetten.

In einem großen Topf Wasser aufkochen und 3 EL Zitronensaft hinzufügen. Den Fenchel putzen und in dünne Scheiben schneiden. Waschen, gut abtropfen lassen und 3 Minuten im kochenden Wasser garen. Abgießen, gut abtropfen und etwas abkühlen lassen.

Den Fenchel in eine große Schüssel geben. Honig und restlichen Zitronensaft hinzufügen und mit Pfeffer würzen. Das Mehl darüberstäuben und die Zutaten miteinander mischen. In die Auflaufform füllen und die Sahne darübergießen.

Für die Streusel Haferflocken, Mehl und Pumpernickel in eine Schüssel geben. Die Butter in einer kleinen Kasserolle zerlassen und den Knoblauch 30 Sekunden darin anschwitzen. Über die Haferflockenmischung gießen und die Zutaten gründlich vermengen.

Den Fenchel mit den Streuseln bestreuen und im Backofen 20–30 Minuten garen, bis der Fenchel weich ist und die Streusel goldbraun sind. Heiß servieren.

ANMERKUNG: Der Pumpernickel kann nach Belieben auch durch Weißbrot- oder Vollkornbrotbrösel ersetzt werden.

Spaghetti mit Sardinen, Fenchel und Tomate
Für 4–6 Personen

3 Eiertomaten

4 EL Olivenöl und Öl zum Braten

80 g frische Semmelbrösel (siehe Tipp Seite 73)

3 Knoblauchzehen, zerdrückt

1 rote Zwiebel, in dünne Ringe geschnitten

1 Fenchelknolle, geviertelt und in dünne Scheiben geschnitten

3 EL Rosinen

3 EL Pinienkerne, geröstet

4 Sardellen, gehackt

125 ml Weißwein

1 EL Tomatenmark

500 g Spaghetti

Meersalz

4 EL fein gehackte glatte Petersilie

350 g Sardinen, in der Mitte eingeschnitten und auseinandergeklappt (lassen Sie dies am besten von Ihrem Fischhändler machen)

In einem Topf Wasser zum Kochen bringen. Die Tomaten mit einem kleinen, scharfen Messer am Stielansatz kreuzweise einritzen, 20 Sekunden in kochendes Wasser legen, mit einem Schaumlöffel herausheben und in Eiswasser abschrecken. Tomaten trocken tupfen und die Schale vom Stielansatz her abziehen. Die Tomaten halbieren, die Samen mit einem Löffel herauskratzen und das Fruchtfleisch hacken.

1 EL Olivenöl bei mittlerer Hitze in einer großen Pfanne erhitzen, die Semmelbrösel mit 1 Knoblauchzehe darin in 5 Minuten unter ständigem Rühren goldbraun und knusprig braten und danach mit dem Schaumlöffel aus der Pfanne nehmen.

Das restliche Öl in der Pfanne erhitzen und die Zwiebel mit dem Fenchel und dem restlichen Knoblauch darin in 8 Minuten weich dünsten. Tomaten, Rosinen, Pinienkerne und Sardellen hinzufügen und 3 Minuten anbraten. Den Wein und 125 ml Wasser angießen, das Tomatenmark einrühren und das Ganze 10 Minuten köcheln lassen, bis die Sauce etwas eindickt.

Inzwischen die Spaghetti in reichlich kochendem Salzwasser bissfest garen. Abgießen und wieder in den Topf geben.

Die Petersilie in die Sauce rühren und warm stellen.

Die Sardinen mit Küchenpapier trocken tupfen und portionsweise 1–2 Minuten bei mittlerer Hitze in einer leicht eingefetteten Pfanne braten, bis sie gerade durchgegart sind. Dabei darauf achten, dass sie nicht zu lange garen und zerfallen.

Die Spaghetti sorgfältig mit der Sauce mischen, die Sardinen und die Hälfte der Semmelbrösel dazugeben und die Zutaten vorsichtig durchmischen. Mit den restlichen Semmelbröseln bestreuen und sofort servieren.

ROTE-BETE-HUMMUS

FÜR 8 PERSONEN

500 g Rote Bete
Meersalz
4 EL Olivenöl
1 große Zwiebel, gehackt
1 EL gemahlener Kreuzkümmel
1 Dose Kichererbsen (400 g), abgetropft
1 EL Tahina (siehe Anmerkung)
4 EL Joghurt
3 Knoblauchzehen, zerdrückt
3 EL frisch gepresster Zitronensaft
125 ml Gemüsebrühe
Pitabrot oder türkisches Brot

Die Rote-Bete-Knollen unter fließendem kaltem Wasser gründlich abbürsten. In 30–45 Minuten in reichlich kochendem Salzwasser weich garen (Garprobe machen), gut abtropfen und etwas abkühlen lassen. Die Schale entfernen und das Fruchtfleisch grob hacken.

Inzwischen 1 EL Olivenöl in einer Pfanne erhitzen und die Zwiebel in 5 Minuten bei mittlerer Hitze weich dünsten. Den Kreuzkümmel hinzufügen und 1 Minute anbraten, bis er sein Aroma entfaltet.

Rote-Bete-Stücke mit der gedünsteten Zwiebel, mit Kichererbsen, Tahina, Joghurt, Knoblauch, Zitronensaft und Brühe in einem Mixer zu einem glatten Püree verrühren. Das übrige Olivenöl in einem feinen Strahl einlaufen lassen. Das Hummus mit Pitabrot oder türkischem Brot servieren.

ANMERKUNG: Tahina, eine arabische Sesampaste, ist in Bioläden und türkischen Lebensmittelgeschäften erhältlich.

GEBRATENE ROTE BETE MIT MEERRETTICHCREME

FÜR 4–6 PERSONEN ALS BEILAGE

8 Rote-Bete-Knollen, abgebürstet
2 EL Olivenöl
2 TL Honig
Meersalz und frisch gemahlener
    schwarzer Pfeffer
75 g Crème double
1 EL frisch geriebener Meerrettich
1 TL frisch gepresster Zitronensaft
1 Prise Zucker
fein gehackte Petersilie oder fein gehackter
    Dill zum Garnieren (nach Belieben)

Den Backofen auf 180 °C vorheizen. Die Rote-Bete-Knollen schälen (dabei am besten Gummihandschuhe tragen, damit sich die Hände nicht verfärben). Die Wurzel- und Stielansätze abschneiden, die Knollen vierteln und auf vier große Alufolienquadrate verteilen.

In einer kleinen Schüssel das Olivenöl mit dem Honig verrühren und mit Meersalz und Pfeffer abschmecken. Rote-Bete-Viertel damit beträufeln und in dem Öl wenden, bis sie damit überzogen sind. Die Folie lose verschließen und die Rote Bete in 1–1½ Stunden weich garen (Garprobe machen). Aus dem Ofen nehmen und 5 Minuten in der Folie abkühlen lassen.

Die Crème double mit dem Handmixer aufschlagen und Meerrettich, Zitronensaft, Zucker und 1 Prise Meersalz unterrühren.

Die Rote Bete warm mit der Meerrettichcreme anrichten und nach Belieben mit Petersilie oder Dill bestreuen.

Rote Bete mit Knoblauch-Kartoffel-Paste
Für 6 Personen als Vorspeise oder Beilage

1 kg Rote Bete mit Kraut
Meersalz
3 EL natives Olivenöl extra
1 EL Rotweinessig
frisch gemahlener schwarzer Pfeffer

Für die Knoblauch-Kartoffel-Paste
250 g vorwiegend festkochende Kartoffeln, geschält und in 2 cm große
   Würfel geschnitten
2–3 Knoblauchzehen, zerdrückt
½ TL Meersalz
frisch gemahlener weißer Pfeffer
90 ml Olivenöl
1 EL Weißweinessig

Die Stiele der Rote-Beten-Knollen bis auf 2–3 cm abschneiden. Die Blätter waschen und die harten äußeren Blätter wegwerfen. Stiele und Blätter anschließend in 7 cm lange Stücke schneiden und gründlich waschen. Die Knollen abbürsten.

In einem großen Topf Salzwasser zum Kochen bringen und die Rote Bete darin in 30–45 Minuten weich garen (mit einem Spieß einstechen, um die Garprobe zu machen), mit einem Schaumlöffel aus dem Topf heben und etwas abkühlen lassen.

Inzwischen die Knoblauch-Kartoffel-Paste zubereiten. Dazu die Kartoffeln in reichlich Wasser in 10 Minuten sehr weich kochen. Abgießen und gut abtropfen lassen. Mit dem Kartoffelstampfer zerdrücken oder durch die Kartoffelpresse drücken und zu einem relativ glatten Püree verarbeiten. Knoblauch, Meersalz und 1 Prise weißen Pfeffer untermischen und das Olivenöl nach und nach mit einem Holzkochlöffel unterrühren. Zum Schluss den Weißweinessig unterrühren und noch einmal abschmecken.

Das Rote-Bete-Kochwasser wieder zum Kochen bringen (gegebenenfalls noch etwas Wasser hinzufügen) und die Blätter in 8 Minuten weich kochen. Abgießen, abtropfen und etwas abkühlen lassen und die Blätter danach gut ausdrücken.

Rote-Bete-Knollen schälen, vierteln oder in dicke Scheiben schneiden und mit den Blättern auf einer Servierplatte anrichten. Das native Olivenöl mit dem Rotweinessig verrühren, mit Meersalz und Pfeffer abschmecken und das Gemüse damit beträufeln. Warm oder zimmerwarm mit der Knoblauch-Kartoffel-Paste servieren.

LAUCH AUF GRIECHISCHE ART
FÜR 4 PERSONEN ALS VORSPEISE ODER BEILAGE

3 EL Olivenöl
1½ EL Weißwein
1 EL Tomatenmark
1 Msp. Zucker
1 Lorbeerblatt
1 Zweig Thymian
1 Knoblauchzehe, zerdrückt
4 Korianderkörner, zerdrückt
4 Pfefferkörner
8 kleine Stangen Lauch (nur die weißen Schäfte)
1 TL frisch gepresster Zitronensaft
Meersalz und frisch gemahlener schwarzer Pfeffer
1 EL fein gehackte Petersilie
unbehandelte Zitronenhälften

Das Olivenöl mit Wein, Tomatenmark, Zucker, Lorbeerblatt, Thymian, Knoblauch, Koriander, Pfefferkörnern und 250 ml Wasser in einer großen Pfanne mit Deckel aufkochen lassen, den Deckel auflegen und das Ganze 5 Minuten köcheln lassen.

Lauch nebeneinander in die Pfanne legen und zum Köcheln bringen. Die Wärmezufuhr dann verringern, den Deckel auflegen und den Lauch in 20–30 Minuten weich garen (mit einem Spieß einstechen, um die Garprobe zu machen). Den Lauch gut abtropfen lassen (die Garflüssigkeit aufheben) und auf einer Servierplatte anrichten.

Die Garflüssigkeit mit dem Zitronensaft 1 Minute bei starker Hitze kochen lassen, bis sie eine leicht sirupartige Konsistenz hat. Mit Meersalz und Pfeffer abschmecken und durch ein Sieb über den Lauch passieren.

Den Lauch abkühlen lassen, mit der gehackten Petersilie bestreuen und zimmerwarm mit Zitronenhälften servieren.

GESCHMORTER LAUCH MIT PINIENKERNEN
FÜR 4 PERSONEN ALS BEILAGE

20 g Butter
2 TL Olivenöl
2 Stangen Lauch (nur die weißen Schäfte), in dünne Ringe geschnitten
4 EL Gemüsebrühe
4 EL trockener Weißwein
2 EL fein gehackte gemischte Kräuter (z. B. glatte Petersilie und Oregano)
2½ EL Pinienkerne, leicht geröstet
4 EL geriebener Parmesan

Die Butter mit dem Olivenöl in einer großen Pfanne erhitzen und den Lauch darin in 5 Minuten goldbraun anbraten.

Die Brühe und den Wein dazugeben und den Lauch in 10 Minuten weich garen.

Die Kräuter einrühren, mit Pinienkernen und Parmesan bestreuen und servieren.

RHABARBERPIE
FÜR 6 PERSONEN

FÜR DEN TEIG
175 g Mehl und Mehl für die Arbeitsfläche
2 EL Puderzucker
1 Prise Salz
125 g Butter in kleinen Stücken und Butter
   für die Form
1 Eigelb, mit 1 EL Eiswasser verquirlt

FÜR DIE FÜLLUNG
225 g Zucker und Zucker zum Bestreuen
750 g Rhabarber, klein geschnitten
2 große Äpfel, die Kerngehäuse entfernt
   und klein geschnitten
abgeriebene Schale von 1 unbehandelten
   Zitrone
3 Stück eingelegter Ingwer, in Scheiben
   geschnitten
gemahlener Zimt zum Bestäuben
Puderzucker zum Bestäuben
   (nach Belieben)

Das Mehl mit Puderzucker und Salz in eine große Schüssel sieben. Die Butter mit dem Mehl zu einem krümeligen Teig verarbeiten. In die Mitte eine Mulde drücken, das verquirlte Eigelb hineingießen und die Zutaten mit einem Messer mit breiter Klinge zu einem Teig verarbeiten. Den Teig zu einer Kugel formen, in Frischhaltefolie einschlagen und 30 Minuten im Kühlschrank ruhen lassen, bis er fest ist.

Inzwischen den Backofen auf 170 °C vorheizen und eine Pieform (20 cm Ø) einfetten.

Den Teig rund ausrollen, vorsichtig in die Form drücken und einen Rand überstehen lassen. In den Kühlschrank stellen.

Den Zucker mit 125 ml Wasser in einen Topf geben und 4–5 Minuten erhitzen, bis ein Sirup entstanden ist. Den Rhabarber mit den Äpfeln, der Zitronenschale und dem Ingwer in den Topf geben, den Deckel auflegen und das Obst 5 Minuten köcheln lassen, bis der Rhabarber bissfest gegart ist.

Das Obst abgießen, abkühlen lassen, auf dem Teig verteilen und mit Zimt und etwas Zucker bestreuen. Den überstehenden Teig über die Füllung schlagen und die Pie in 40 Minuten goldbraun backen. Die Pie vor dem Servieren nach Belieben mit Puderzucker bestäuben.

RHABARBER-JOGHURT-KUCHEN
FÜR 8 PERSONEN

Fett für die Form
300 g Mehl
2½ TL Backpulver
150 g Rhabarber, in dünne Scheiben
   geschnitten
225 g Zucker
1 TL natürlicher Vanilleextrakt
2 Eier, verquirlt
125 g Joghurt
1 EL Rosenwasser
125 g Butter, zerlassen
Joghurt zum Servieren (nach Belieben)

Den Backofen auf 160 °C vorheizen. Eine runde Kuchenform einfetten und den Boden mit Backpapier auslegen.

Das Mehl mit dem Backpulver in eine Schüssel sieben und mit Rhabarber und Zucker mischen. Die restlichen Zutaten hinzufügen und alles gut vermengen.

Den Teig in die Form füllen und 1 Stunde backen. Am Ende der Backzeit prüfen, ob der Kuchen gar ist. Zur Garprobe einen Holzspieß in die Mitte des Kuchens stecken. Haftet nach dem Herausziehen kein Teig daran, ist der Kuchen fertig. Aus dem Ofen nehmen und 15 Minuten in der Form abkühlen lassen. Anschließend auf ein Kuchengitter stürzen und vollständig auskühlen lassen. Nach Belieben mit Joghurt servieren.

Aus der Obstschale

Eine Obstschale mit Äpfeln, Orangen, Birnen und exotischen Früchten gibt es in fast jedem Haushalt. Auch Avocados und Tomaten können darin reifen und selbst Paprikaschoten und Auberginen können, bevor sie gekocht werden, für ein oder zwei Tage zu ihrer Verschönerung beitragen.

ANANAS

Da die Früchte nicht nachreifen und man sie deshalb nicht unreif ernten kann, wird der größte Teil der Ernte zu Konserven verarbeitet.

Achten Sie beim Einkauf darauf, dass die Frucht einen süßlichen Duft verströmt, dass sich die Blätter noch an der Pflanze befinden und dass sie schwer in der Hand liegt. Reife Ananas können maximal ein bis zwei Tage in einem kühlen Raum aufbewahrt werden. Oder man verpackt sie in einem lose verschlossenen Plastikbeutel und legt sie in den Kühlschrank. Die Früchte sind dann vier Tage haltbar.

Die Ananas enthält das Eiweiß spaltende Enzym Bromelain, das man auch als Zartmacher für Fleisch einsetzt. Bromelain kann allerdings auch verhindern, dass Gelatine fest wird. Beim Kochen wird dieses Enzym neutralisiert. Deshalb sollte man für Desserts, die mit Gelatine zubereitet werden, keine rohe Ananas verwenden, sondern die Früchte vorher in Zucker-sirup pochieren.

Ananas brät man am besten mit etwas Butter, Zucker und Alkohol oder man grillt sie kurz und bestreicht sie dabei mit einer Mischung aus Butter und Zucker. Dazu passt Crème fraîche oder Eiscreme. Eine frische, reife Ananas ist selbstverständlich auch so wie sie ist ein herrliches Dessert.

ÄPFEL

Der Apfel gehört zur Familie der Rosengewächse. Von den mehr als 8000 Sorten werden nur wenige kommerziell angebaut. Äpfel haben im Herbst und im Winter Saison. Früchte, die im Sommer angeboten werden, sollte man meiden. Äpfel sind zwar lange haltbar, doch wenn sie zu lange an einem kalten Ort gelagert werden, büßen sie erheblich an Geschmack und Knackigkeit ein. Früchte aus biologischem Anbau sind oft die beste Wahl.

Der **Granny Smith** ist ein grünschaliger Apfel mit säuerlichem weißem Fruchtfleisch. Er eignet sich sowohl zum Kochen als auch zum Rohessen, hat jedoch den Nachteil, dass er beim Kochen leicht zerfällt. Der **Braeburn** ist ein mittelgroßer, aromatischer Apfel mit rot gestreifter Schale und saftigem, süßsäuerlichem Fruchtfleisch, den man am besten als Tafelapfel isst. Der **Golden Delicious** hat eine gelbliche Schale und ein süßes, zartschmelzendes Fruchtfleisch. Er ist ideal zum Rohverzehr, eignet sich aber auch hervorragend zum Kochen, weil er nicht zerfällt. Der legendäre **Cox Orange** ist ein kleiner, runder Apfel mit grünlich gelber Schale mit rostroten Anflügen. Sein Fruchtfleisch ist zart, knackig, saftig und fest und hat einen vollen, süßsäuerlichen Geschmack. Er eignet sich ebenfalls zum Kochen, doch da er roh so köstlich schmeckt, findet er vermutlich selten seinen Weg in eine Pie. Der **Fuji**-Apfel hat eine rosarote Schale mit goldgelben Streifen und ein knackiges, saftiges Fruchtfleisch mit süßem, erfrischendem Geschmack. Er zerfällt beim Kochen nicht, allerdings kommen sein Geschmack und seine Knackigkeit am besten zur Geltung, wenn man ihn roh genießt. Der **Pink Lady** ist ein guter, vielseitig verwendbarer Apfel mit rosaroter Schale und weißem, saftigem, süßsäuerlichem Fruchtfleisch. Der **Red Delicious** hat eine dunkelrote Schale und eine eher längliche Form. Als Kochapfel ist er nicht besonders gut geeignet und man sollte sein knackiges, saftiges, weißes Fruchtfleisch am besten roh genießen.

Achten Sie beim Einkauf darauf, dass die Äpfel fest sind und noch ihre Stiele haben. Sie sollten schwer in der Hand liegen und eine glatte Schale haben. Äpfel reifen nach dem Pflücken noch nach. Sollten Ihre Äpfel also noch nicht ganz reif sein, können Sie sie zu Hause in der Obstschale liegen lassen. Reife Äpfel halten sich in kühlen Räumen einige Tage und in einer perforierten Plastiktüte im Gemüsefach des Kühlschranks bis zu einer Woche.

Wenn Sie Äpfel längere Zeit im Voraus oder in größeren Mengen schälen und schneiden, sollten Sie sie in Zitronenwasser legen, damit sich das Fruchtfleisch nicht verfärbt.

Äpfel passen gut zu Schweinefleisch, Meerrettich, Roter Bete, Stangensellerie, Kartoffeln, Süßkartoffeln, Pastinaken, Hähnchen, Cheddar, Sahne, Walnüssen, Salbei, Minze, Thymian, Birnen, Rhabarber, Brombeeren, Quitten,

Himbeeren, Pflaumen, Rosinen, Datteln, Gewürznelken, Zimt, Muskat, Cidre, Brandy, Honig, braunem Zucker und Ahornsirup.

AUBERGINEN

Es gibt zahllose Auberginensorten, von kleinen Exemplaren bis zur großen, dunkelvioletten Aubergine. Auberginen sollten eine makellose, glänzende Schale, ein helles Fruchtfleisch mit wenigen sichtbaren Samen haben und schwer in der Hand liegen. Wenn man leicht drückt, darf sich eine kleine Delle bilden, die aber gleich wieder verschwindet. Der Stielansatz sollte grün und intakt sein und der Blütenkelch fest daran sitzen. Mit zunehmendem Alter wird das Fruchtfleisch dunkler und etwas schwammig und die Kerne sind stärker ausgebildet.

Die kleinen, dünnen **japanischen Auberginen** haben eine Länge von 15–20 cm. Ihre Schale ist ebenfalls violett, es gibt aber auch Sorten mit mauve-farbener Schale, die noch weiße Sprenkel aufweisen kann. Diese Auberginen haben einen feinen Geschmack und ein cremiges Fruchtfleisch, das mit wenigen Kernen durchsetzt ist. Japanische Auberginen müssen nicht geschält werden und eignen sich hervorragend, um im Ganzen gekocht, als Pickles eingelegt oder gefüllt zu werden. Man kann sie aber auch grillen und dämpfen.

Auberginen bewahrt man am besten in einem kühlen Raum und nicht im Kühlschrank auf. Sie sind zwei bis drei Tage haltbar.

In vielen Rezepten wird empfohlen, die Auberginen vor dem Garen mit Salz zu bestreuen und zu entwässern, um ihnen den bitteren Geschmack zu nehmen. Heute sind Auberginen zwar in der Regel nicht mehr bitter, aber bei größeren Früchten verbessert das Salz die Konsistenz des Fruchtfleisches. Das in Scheiben oder Würfel geschnittene Fruchtfleisch einfach mit Salz bestreuen und 30 Minuten in einem großen Sieb abtropfen lassen. Anschließend gründlich unter fließendem kaltem Wasser abspülen und mit Küchenpapier trocken tupfen.

Auberginen harmonieren gut mit den klassischen Zutaten der mediterranen Küche, aber auch mit Joghurt und Ricotta sowie mit typischen Zutaten der nordafrikanischen Küche wie Zitronen, Zimt, Chili, Koriander, Kreuzkümmel, Paprika, Mandeln und Walnüssen.

AVOCADOS

Die Avocado ist reich an den Vitaminen B_6, C und E und enthält sehr viel Folsäure, Kalium und Ballaststoffe. Nicht umsonst nennt man sie in ihrer tropischen Heimat auch »die Butter der Armen«.

Ob eine Avocado reif ist, ist nicht ganz einfach festzustellen. Und hat man sie erst einmal angeschnitten, reift sie nicht mehr weiter. Um zu prüfen, ob eine Avocado reif ist, die Frucht in beide Hände nehmen und am Stielansatz leicht auf die Schale drücken. Sie sollte etwas nachgeben. Achten Sie außerdem darauf, dass die Schale intakt ist. Man kann Avocados auch unreif kaufen und bei Zimmertemperatur nachreifen lassen. Je nachdem wie hart die Früchte sind, brauchen sie dazu drei bis fünf Tage. Etwas schneller geht es, wenn man sie mit ein oder zwei Äpfeln in eine Papiertüte gibt, denn das Ethen, das die Äpfel produzieren, beschleunigt den Reifeprozess. Reife Avocados sollten stets im Kühlschrank gelagert werden, damit sie nicht überreif werden.

Die vielen verschiedenen Sorten unterscheiden sich nur geringfügig in der Farbe der Schale, der Konsistenz und der Größe und alle haben einen großen, harten Kern, den man, ebenso wie die Schale, entfernen muss. Avocados werden das ganze Jahr über kultiviert, auch wenn manche Sorten nur zu bestimmten Jahreszeiten angeboten werden.

Avocados genießt man am besten roh in Salaten, als Püree oder Brotaufstrich. Man kann sie aber auch unter cremige Getränke rühren und für Cheesecakes und Mousses verwenden.

Die samtige Konsistenz des Fruchtfleisches lässt sich mit einem Spritzer Zitronen- oder Limettensaft unterstreichen und etwas Salz betont ihren Geschmack. Avocados schmecken köstlich in Salaten mit Zitrusfrüchten, mit Tomaten, Oliven, geräuchertem oder gepökeltem Fleisch, Meeresfrüchten, Hähnchenfleisch, Brunnenkresse, Blattsalaten, roher Zwiebel, Chili, Koriander, Minze, Basilikum und Schnittlauch.

Bananen

Am weitesten verbreitet ist die leicht gebogene **Cavendish**-Banane mit ihrer gelben Schale.

Bananen wachsen in Büscheln, die man auch als »Hand« bezeichnet, und werden das ganze Jahr über angeboten. Sie sind außerordentlich nahrhaft und enthalten die Vitamine C und B_6 sowie Eisen, Kalium und mehr verdauliche Kohlenhydrate als irgendeine andere Frucht. In den Herkunftsländern verwendet man auch die Blütenknospen, Stiele und Blätter in der Küche, in Afrika wird aus Bananen sogar Bier gebraut.

Bananen zählen zu den wenigen Früchten, die am besten schmecken, wenn sie nicht am Baum gereift sind. Lässt man sie am Baum reifen, platzt die Schale auf und das Fruchtfleisch hat dann meist eine baumwollartige Konsistenz. Während des Reifeprozesses wandeln die Früchte Stärke in Zucker um und werden allmählich immer süßer.

Wegen des Transports und der Lagerung setzt man meist Ethen ein, um den Reifungsprozess zu beschleunigen. Bananen, die auf natürliche Weise reifen, haben eine sehr viel längere Reifezeit, jedoch auch einen weitaus inten-

siveren Geschmack. Wenn Sie die Früchte nicht sofort verbrauchen wollen,
sollten Sie Bananen kaufen, die gerade reif oder noch etwas unreif sind, und
sie in einem kühlen Raum aufbewahren. Bananen sollten möglichst nicht mit
reifen Früchten in Berührung kommen, denn sie produzieren Ethen, das den
Reifungsprozess fördert. Bananen nicht in den Kühlschrank legen, dadurch
wird ihre Schale schwarz und die Früchte reifen nicht mehr. Sehr reife Früchte
kann man einfrieren und zum Backen verwenden. Die Bananen dazu schälen,
zerdrücken und in luftdicht verschließbare Gefrierdosen füllen. Sie können so
bis zu acht Wochen aufbewahrt werden.

Bananen, die gerade reif sind, sollte man nicht zu lange im Voraus
schneiden, da sie sich sonst verfärben (das kann man verhindern, indem man die
Früchte mit etwas Zitronen- oder Limettensaft beträufelt). Für Gebäck wie Pfannkuchen, Muffins und Kuchen und für Eiscremes, Sorbets und Smoothies nimmt
man am besten überreife Früchte, die sich leichter zerdrücken lassen. Feste, reife
Bananen schmecken köstlich mit etwas Zucker und vielleicht einem Spritzer Rum
oder Brandy in Butter gebraten und mit Eiscreme oder Schlagsahne serviert.

Bananen harmonieren sehr gut mit braunem Zucker, Golden Syrup,
Honig, Vanille, Joghurt, Sahne, tropischen Früchten, Kokosnuss, Zimt,
Walnüssen, Pekannüssen und Schokolade.

BIRNEN

Es gibt mehr als 6000 Birnensorten in allen möglichen Formen, Farben und
Größen.

Birnen haben vom Spätherbst und den ganzen Winter hindurch Saison.
Die empfindlichen Früchte bekommen schnell Druckstellen. Birnen werden
gepflückt, wenn sie reif, aber noch hart sind, und zunächst an einem kalten Ort
gelagert. Zum Reifen bringt man sie dann auf Raumtemperatur. Da die Birne
von innen her reift, ist nur schwer zu erkennen, wie reif die Frucht tatsächlich
ist. Voll ausgereifte Früchte müssen innerhalb weniger Tage verzehrt werden.

Eine reife Birne sollte ganz leicht nachgeben, wenn man sie am Stielansatz vorsichtig drückt. Manche Sorten verströmen dann einen feinen, süßlichen Duft. Die Farbe ist, zumindest bei den grünen Sorten, die auch im
reifen Zustand grün sind, kein Zeichen für Reife. Unreife Birnen kann man
drei bis zehn Tage bei Zimmertemperatur nachreifen lassen. Oder man legt
sie in den Kühlschrank, bis man sie reifen lassen will. Die Birnen der Sorte
Beurré Bosc haben eine schlanke, sich nach oben verjüngende Form, eine
braune Schale und ein weiches, aromatisches Fruchtfleisch und eignen sich
hervorragend zum Kochen. Die **Packham**-Birne ist groß und grün und hat ein
saftiges, weißes Fruchtfleisch und eine leicht beulige, grünliche bis zitronen-
gelbe Schale. Die reifen Früchte isst man am besten roh, die noch nicht ganz

ausgereiften Birnen eignen sich gut zum Kochen. Die **Bartlett**- oder **Williams-Christ**-Birne ist eine vielseitig verwendbare Birne. Sie sieht ähnlich aus wie die Packham-Birne, die reifen Früchte sind allerdings gelegentlich matt gerötet. Die Williams-Birne hat ein süßes, saftig-schmelzendes Fruchtfleisch und reift bei Zimmertemperatur relativ schnell. Birnen passen hervorragend zu Rot- und Süßweinen sowie zu Käse (Blauschimmelkäse, Ziegenkäse, Parmesan, pikanter Cheddar und Ricotta). Man kann sie roh zu einer Käseplatte servieren, mit Käse kochen oder in einem Salat mit Käse kombinieren. Außerdem schmecken sie vorzüglich mit Gewürznelken, Zimt, Safran, Sternanis, Ingwer, Mandeln und Walnüssen, Rucola, Brunnenkresse, Spinat, geräuchertem oder gepökeltem Fleisch, Geflügel und Schweinefleisch.

PAPRIKASCHOTEN

Die Paprikaschote hat vom Sommer bis in den Herbst Saison. Sie gehört derselben Familie an wie die Chilischote, enthält aber kein Capsaicin, das der Chilischote ihre Schärfe verleiht.

Auch wenn die Paprikaschote mal in Grün, mal in Rot, mal in Gelb oder Orange und sogar in Schwarzviolett daherkommt, sind die Schoten zunächst alle grün. Die Farbe verändern sie erst, wenn sie reifen. Dann werden sie auch süßer. Das erklärt, weshalb grüne Paprikaschoten am wenigsten süß schmecken (sie enthalten auch weniger Vitamin C). Paprikaschoten sollten schwer in der Hand liegen und eine glatte, glänzende Schale haben. Sie sollten möglichst schnell verbraucht werden. In einem kühlen Raum sollte man sie nicht länger als zwei Tage aufbewahren, im Gemüsefach des Kühlschranks bleiben sie bis zu einer Woche frisch.

Vor dem Kochen entfernt man meist die harte Schale. Am besten lassen sich Paprikaschoten schälen, wenn man sie vorher röstet oder grillt. Paprikaschoten passen hervorragend zu mediterranen Zutaten wie Tomaten, Zucchini, Auberginen, Oliven, Sardellen, Knoblauch, Basilikum, Petersilie, Oregano, Thunfisch, gerösteten Semmelbröseln, Käse (Parmesan, Pecorino, Feta, Ziegenkäse), Rotwein, Essig (Rotweinessig und Balsamico), Kichererbsen sowie Cannellini- und Borlotti-Bohnen.

TOMATEN

Tomaten werden das ganze Jahr über angeboten. Doch nur im Sommer, wenn sie sonnengereift sind, schmecken sie so, wie sie sollten. Für den Rest des Jahres eignen sich gute Dosentomaten hervorragend zum Kochen.

Neben der klassischen roten Tomate findet man auch einige exotische Sorten mit gestreifter, orangegelber und sogar schwarzer Schale. Ihre charakteristische rote Farbe verdankt unsere Tomate dem Lycopin, einem Antioxidans.

Die große, fleischige **Fleischtomate** ist im Spätsommer am besten und saftigsten und eignet sich für Salate, Sandwiches und Saucen. Am bekanntesten ist die runde, kleine bis mittelgroße **Salattomate**, eine gute, vielseitig verwendbare Tomate mit saftigem Fruchtfleisch und großem Kerngehäuse. Die längliche, dickschalige **Roma-** oder **Eiertomate** hat ein kompaktes, festes Fruchtfleisch und ist weniger saftig. In Italien verwendet man sie traditionell, um daraus sonnengetrocknete Tomaten herzustellen. Die kleine, manchmal runde, manchmal tropfenförmige **Kirschtomate** ist knackig und süß. Man mischt sie gerne unter Salate, verwendet sie als Pizzabelag oder sautiert sie kurz als Beilage. Aus fein gehackten Kirschtomaten, reichlich Olivenöl und gehackten Kräutern kann man eine köstliche kalte Pastasauce herstellen. Bei **grünen Tomaten** handelt es sich um nicht voll ausgereifte Früchte, die erst am Ende der Saison erscheinen. Sie eignen sich hervorragend für Chutneys und Relishes.

Achten Sie beim Einkauf darauf, dass die Tomaten aromatisch sind und einen süßlichen Duft verströmen, dass sie schwer in der Hand liegen und eine glänzende, glatte und feste Schale haben. Tomaten, die noch etwas unreif sind, kann man an einem warmen, sonnigen Platz nachreifen lassen. Tomaten nicht im Kühlschrank aufbewahren! Traditionell werden Tomaten vor allem mit Basilikum, Knoblauch, Minze, italienischem Käse, Paprikaschoten, Balsamico-Essig, Olivenöl, Oliven, Orangen, Ei, Speck, Hähnchen, Rindfleisch, Lamm – und natürlich mit Pasta – kombiniert.

Zitrusfrüchte
Was würden wir ohne die herrlichen, gesunden Zitrusfrüchte machen? Aber auch aus der Küche sind sie nicht wegzudenken, wo sie allem, von Kuchen, Muffins und Brot über Saucen und Salsas bis zu Taginen und anderen Eintopfgerichten, eine besondere Note verleihen.

Grapefruits
Grapefruits werden häufig zu Marmelade verarbeitet oder man halbiert sie und isst sie mit Zucker bestreut zum Frühstück. Die Grapefruit hat im Winter bis zum Frühlingsanfang Saison. Achten Sie beim Einkauf darauf, dass die Früchte schwer in der Hand liegen und eine feste, glänzende Schale haben. Grapefruits bewahrt man am besten bei Zimmertemperatur auf, so sind sie sieben bis zehn Tage haltbar.

Wenn Sie Grapefruits für einen Salat verwenden, unbedingt die dicke, weiße Haut unter der Schale und ebenso die Trennhäutchen zwischen den einzelnen Segmenten mit einem scharfen Messer entfernen. Die abgeriebene Schale kann man in Desserts auf Zitrusbasis auch anstelle von Zitronen- oder Orangenschale verwenden.

Mandarinen

Die Mandarine ist eine der drei Zitrusfrüchte, aus denen durch Züchtung oder Kreuzung die Orange, die Zitrone und die Grapefruit hervorgegangen sind. Es gibt Hunderte verschiedene Mandarinensorten. Zu den bekanntesten Sorten zählen die kernlose **Clementine** (eine Kreuzung aus Mandarine und Bitterorange) und die kernlose, aromatische, süßsäuerliche **Satsuma** aus Japan (allein von der Satsuma gibt es 70 verschiedene Varietäten).

Mandarinen trocknen sehr schnell aus, deshalb sollte man beim Einkauf darauf achten, dass die Früchte schwer in der Hand liegen (sie sind dann besonders saftig) und eine glatte, glänzende Schale haben, die die Frucht fest umschließt. In einem kühlen Raum bleiben Mandarinen bis zu einer Woche frisch, im Gemüsefach des Kühlschranks bis zu zwölf Tagen.

Mandarinen können in eigentlich jedem Gericht die Orangen ersetzen. Das Fruchtfleisch lässt sich zwar nicht ganz leicht aus den Häutchen lösen, für ihre Größe geben die Früchte aber dennoch relativ viel Saft. Die Schale kann man ebenfalls abreiben und wie die abgeriebene Schale der anderen Zitrusfrüchte verwenden.

Orangen

Die Früchte werden das ganze Jahr über angeboten. Die süße und saftige **Navel**-Orangen mit intensiv orangefarbener Schale sind meist kernlos. Die Früchte der Sorte **Valencia** sind groß, haben Kerne und die Schale weist häufig Anflüge von Grün auf. Die grüne Farbe ist allerdings kein Zeichen von Unreife, sondern rührt vielmehr daher, dass die Früchte eine kühle Umgebung brauchen, damit die orange Farbe erhalten bleibt, was bei Orangen, die im Sommer geerntet werden, nicht der Fall ist. **Blutorangen** werden inzwischen auch bei uns zunehmend häufiger angeboten. Ihr rotes Fruchtfleisch ist sehr saftig und der Saft hat einen leicht würzigen Geschmack. Blutorangen schmecken nicht nur köstlich, wenn man sie einfach so isst, sondern sind mit ihrer herrlichen Farbe auch ein Highlight in Salaten, Gelees und Saucen. Bitterorangen (Pomeranzen) werden gern für Saucen, Marmeladen und andere Konserven verwendet. Aus ihrer dicken Schale wird Orangeat hergestellt.

Kaufen Sie nach Möglichkeit keine abgepackten Orangen, sondern wählen Sie die Früchte einzeln aus. Die Orange sollte schwer in der Hand liegen und fest sein, aber auf Druck etwas nachgeben. In der Obstschale können Orangen bis zu einer Woche aufbewahrt werden, wenn der Raum kühl und trocken ist. Im Kühlschrank halten sie zwei Wochen, wenn sie gut belüftet werden.

Will man die Zeste abnehmen (bei gewachsten Früchten die Schale vorher gründlich abbürsten), hat man verschiedene Möglichkeiten. Am einfachsten geht es mit einer feinen Reibe. Dabei aber darauf achten, dass Sie

nichts von der bitteren, weißen Haut mit entfernen. Wenn man feine Juliennestreifen benötigt, kann man die Zeste mit einem kleinen, scharfen Messer von
oben nach unten in dünnen, breiten Streifen abschälen und sie anschließend
in Juliennestreifen schneiden, nachdem man die weiße Haut sorgfältig entfernt
hat. Oder man benutzt einen speziellen Zestenreißer.

Orangen passen hervorragend zu Trockenfrüchten, Schinken, Truthahn,
Wild, Ente, Meeresfrüchten, Spargel, Roter Bete, Süßkartoffeln, Bohnen,
Artischocken, Ingwer, Safran, Zimt, Gewürznelken, Karamell, Schokolade,
Beeren, Honig, Rotwein, Nüssen, Sahne, Eiscreme, Vanillesauce, Crème
fraîche, Mascarpone und Ricotta.

Zitronen

Schale und Saft der Zitrone werden auf unterschiedlichste Weise verwendet. Die
im Zitronensaft enthaltene Säure kann man sich sogar zunutze machen, um rohen
Fisch zu »garen«, um Fleisch in Marinaden weich zu machen und um zu verhindern, dass sich Obst und Gemüse braun verfärben. Zitronen enthalten sehr viel
Vitamin C sowie Flavonoide, die Krebserkrankungen vorbeugen können.

Die beliebten Sorten **Lisbon** und **Eureka** haben längliche Früchte mit
hellgelber Schale und einem saftigen, aromatischen, säuerlichen Fruchtfleisch.
Viele Köche schwören auf die besonders saftige, süße und aromatische **Meyer**-
Zitrone. Sie soll aus der Kreuzung von Zitrone und Orange entstanden sein
und hat eine orangegelbe Schale.

Achten Sie beim Einkauf darauf, dass die Zitronen fest sind und eine
glatte, glänzende Schale haben. Kaufen Sie keine unreifen Zitronen, denn sie
entfalten ihren Geschmack nicht mehr. Da Zitronen schnell schimmlig werden
und sich der Schimmel auf andere Früchte überträgt, sollte man für eine gute
Luftzirkulation sorgen. In einem kühlen Raum können Zitronen bis zu einer
Woche aufbewahrt werden, im Kühlschrank halten sie bis zu zwei Wochen.

Um sie länger lagern zu können, wird die Schale von Zitronen häufig mit
Wachs behandelt. Kaufen Sie nach Möglichkeit unbehandelte Früchte oder
bürsten Sie die Schale unter warmem Wasser gründlich ab. Haben Sie zu viele
Zitronen, um sie auf einmal zu verbrauchen, die Früchte einfach auspressen
und den Saft in Eiswürfelbehältern einfrieren. Der Saft kann so bis zu drei
Monate aufbewahrt werden. Wenn Sie den Eiswürfelbehälter zusätzlich noch
in einen Gefrierbeutel verpacken, sind es sogar vier Monate.

Der säuerliche Geschmack der Zitrone passt hervorragend zu Hähnchen,
Kalbfleisch, Fisch, Oliven, Mandeln, vielen Gemüse- und Kräutersorten sowie
zu Reis- und Pastagerichten. In Desserts bedarf es eigentlich keiner weiteren
Zutaten, der Zitronengeschmack harmoniert hier allerdings sehr gut mit Orangen und lässt sich noch durch Sahne, Ricotta oder Mascarpone unterstreichen.

GEFÜLLTES GEMÜSE AUF PROVENZALISCHE ART
FÜR 6 PERSONEN ALS VORSPEISE ODER BEILAGE

Olivenöl für die Form
2 kleine Auberginen, der Länge nach
  halbiert
2 kleine Zucchini, der Länge nach halbiert
4 Tomaten
2 kleine rote Paprikaschoten
4 EL Olivenöl
2 rote Zwiebeln, fein gehackt
2 Knoblauchzehen, zerdrückt
250 g Hackfleisch vom Schwein
250 g Hackfleisch vom Kalb
3 EL Tomatenmark
4 EL Weißwein
2 EL gehackte Petersilie
50 g Parmesan, gerieben
80 g frische Semmelbrösel
  (siehe Tipp Seite 73)
Meersalz und frisch gemahlener schwarzer
  Pfeffer
natives Olivenöl extra, zum Beträufeln
knuspriges Brot

Den Backofen auf 160 °C vorheizen und eine große Auflauf-form mit Olivenöl einfetten.

Die Auberginen und die Zucchini in der Mitte mit einem Löffel etwas aushöhlen und das herausgelöste Fruchtfleisch fein hacken.

Einen kleinen Deckel von den Tomaten abschneiden, das Fruchtfleisch mit einem Löffel herauslösen und grob hacken. Den Saft in einer Schüssel auffangen.

Von den Paprikaschoten am Stielansatz ebenfalls einen kleinen Deckel abschneiden und Samen und Häutchen entfernen.

2 EL Olivenöl in einer Pfanne erhitzen und die Zwiebeln mit dem Knoblauch darin in 3 Minuten bei mittlerer Hitze weich dünsten. Das Fleisch dazugeben und in 5 Minuten unter Rühren braun und krümelig braten.

Das gehackte Auberginen- und Zucchinifruchtfleisch hin-zufügen und 3 Minuten mitgaren. Anschließend die Tomaten, den Saft, das Tomatenmark und den Wein dazugeben und das Fleisch weitere 10 Minuten garen. Dabei gelegentlich umrüh-ren. Die Pfanne dann vom Herd nehmen, Petersilie, Parmesan und Semmelbrösel untermischen und kräftig mit Meersalz und Pfeffer abschmecken. Das Gemüse mit dem Fleisch füllen und die Deckel auf die Tomaten und Paprikaschoten setzen.

Die Paprikaschoten und die Auberginen nebeneinander in die Auflaufform setzen, mit 1 EL Olivenöl beträufeln, 125 ml Wasser angießen und das Gemüse 15 Minuten im Backofen garen.

Die Tomaten in die Form geben und 5 Minuten mitgaren. Zum Schluss die Zucchini dazugeben, mit dem restlichen Olivenöl beträufeln und das Gemüse in weiteren 25 Minuten weich garen.

Das Gemüse vor dem Servieren mit nativem Olivenöl beträufeln und heiß mit knusprigem Brot servieren.

Eintopf mit Paprikaschoten und Bohnen

FÜR 4–6 PERSONEN

200 g getrocknete Coco-Bohnen (siehe
  Anmerkung), über Nacht in reichlich
  kaltem Wasser eingeweicht
2 EL Olivenöl
1 rote Zwiebel, halbiert und in schmale
  Spalten geschnitten
2 große Knoblauchzehen, zerdrückt
1 rote Paprikaschote, gewürfelt
1 grüne Paprikaschote, gewürfelt
2 Dosen Tomatenstücke à 400 g
2 EL Tomatenmark
500 ml Gemüsebrühe
2 EL gehacktes Basilikum
125 g entsteinte Kalamata-Oliven oder
  andere schwarze Oliven
1–2 TL feiner Rohzucker
Meersalz und frisch gemahlener schwarzer
  Pfeffer
knuspriges Brot

Eingeweichte Bohnen gründlich unter fließendem Wasser abspülen, in einen Topf geben, mit reichlich kaltem Wasser bedecken, aufkochen und in 45 Minuten bei geringer Hitze gerade weich garen. Anschließend abgießen und abtropfen lassen.

Das Olivenöl in einer großen Pfanne erhitzen und die Zwiebel mit dem Knoblauch darin 3 Minuten bei mittlerer Hitze andünsten. Die Paprikaschoten dazugeben und 5 Minuten andünsten.

Tomatenstücke und Bohnen hinzufügen, das Tomatenmark einrühren und die Brühe angießen. Den Deckel auflegen und das Gemüse 40 Minuten bei geringer Hitze köcheln lassen, bis die Bohnen gar sind. Basilikum, Oliven und Zucker unterrühren, mit Meersalz und Pfeffer abschmecken und heiß mit knusprigem Brot servieren.

ANMERKUNG: Statt der getrockneten Bohnenkerne können Sie zwei Dosen (à 400 g) Coco- oder Borlotti-Bohnen verwenden. Die Bohnen abgießen, abspülen, zum Schluss mit Basilikum, Oliven und Zucker hinzufügen und heiß werden lassen.

MARINIERTE PAPRIKASCHOTEN
FÜR 6 PERSONEN ALS BEILAGE ODER TEIL EINES VORSPEISENTELLERS

3 rote Paprikaschoten
3 Zweige Thymian
1 Knoblauchzehe, in dünne Scheiben
  geschnitten
2 TL grob gehackte glatte Petersilie
1 Lorbeerblatt
1 Frühlingszwiebel, in Ringe geschnitten
1 TL edelsüßes Paprikapulver
3 EL natives Olivenöl extra
2 EL Rotweinessig
Meersalz und frisch gemahlener schwarzer
  Pfeffer

Den Backofengrill auf höchster Stufe vorheizen. Paprikaschoten vierteln, Stielansatz, Samen und Scheidewände entfernen und Paprikaschoten mit der Schale nach oben unter den Grill legen, bis die Schale schwarz wird und Blasen wirft. In eine Schüssel geben, mit Frischhaltefolie abdecken und etwas abkühlen lassen. Die Schale anschließend abziehen und das Fruchtfleisch in schmale Streifen schneiden und mit Thymian, Knoblauch, Petersilie, Lorbeerblatt und Frühlingszwiebel in eine Schüssel geben.

In einer kleinen Schüssel das Paprikapulver mit nativem Olivenöl, Essig, etwas Meersalz und Pfeffer verrühren, über die Paprikaschoten gießen und die Zutaten gut durchmischen. Zudecken und mindestens 3 Stunden durchziehen lassen, damit sich das Aroma entfalten kann.

Zimmerwarm zu gegrilltem Fleisch oder Fisch servieren. In einem gut verschlossenen Behälter können die marinierten Paprikaschoten drei Tage im Kühlschrank aufbewahrt werden.

ALGERISCHE AUBERGINENKONFITÜRE
FÜR 6–8 PERSONEN ALS VORSPEISE ODER BEILAGE

2 Auberginen (etwa 400 g)
Meersalz
Olivenöl zum Braten
2 Knoblauchzehen, zerdrückt
1 TL edelsüßes Paprikapulver
1½ TL gemahlener Kreuzkümmel
½ TL Zucker
1 EL frisch gepresster Zitronensaft
frisch gemahlener schwarzer Pfeffer

Die Auberginen in 1 cm dicke Scheiben schneiden. Die Scheiben in ein Sieb schichten und jede Schicht mit etwas Meersalz bestreuen. 30 Minuten entwässern, anschließend gut abspülen und sorgfältig mit Küchenpapier trocken tupfen.

Eine große Pfanne etwa 5 mm hoch mit Olivenöl füllen und die Auberginen darin portionsweise bei mittlerer Hitze auf beiden Seiten goldbraun frittieren. Auf Küchenpapier abtropfen lassen, sehr fein schneiden und wieder in das Sieb geben, damit das Öl vollständig abtropfen kann. Die Auberginen dann in einer Schüssel mit Knoblauch, Paprikapulver, Kreuzkümmel und Zucker mischen.

Die Pfanne ausreiben und die Auberginenmischung 2 Minuten bei mittlerer Hitze unter Rühren braten. Den Zitronensaft unterrühren und mit Meersalz und Pfeffer abschmecken.

Zimmerwarm mit Lammfleisch oder Hähnchen servieren. Die Konfitüre ist im Kühlschrank drei bis vier Tage haltbar.

Marokkanischer Couscous mit Aubergine
Für 4 Personen als Beilage

175 g Instant-Couscous
200 ml Olivenöl
1 Zwiebel, halbiert und in halbe Ringe
   geschnitten
1 Aubergine
3 TL gemahlener Kreuzkümmel
1½ TL Knoblauchsalz
1 Msp. gemahlener Zimt
1 TL edelsüßes Paprikapulver
1 Msp. gemahlene Gewürznelken
½ TL Meersalz
50 g Butter
1 Handvoll Petersilienblätter, grob
   gehackt

Den Couscous mit 375 ml Wasser in eine große Schüssel geben, zudecken und 10 Minuten ruhen lassen. Die Körner anschließend mit einer Gabel auflockern.

2 EL Olivenöl in einer großen Pfanne erhitzen, die Zwiebel darin 8–10 Minuten bei mittlerer Hitze anbräunen und aus der Pfanne nehmen.

Die Aubergine in 1 cm dicke Scheiben schneiden, die Scheiben vierteln und in eine große Schüssel geben. In einer kleinen Schüssel Kreuzkümmel, Knoblauchsalz, Zimt, Paprika, gemahlene Gewürznelken und Meersalz mischen und die Aubergine gut mit den Gewürzen vermischen.

Das restliche Öl bei mittlerer Hitze in der Pfanne erhitzen und die Aubergine darin 20 Minuten braten. Die Scheiben dabei einmal wenden. Anschließend aus der Pfanne nehmen und abkühlen lassen.

Die Butter in der Pfanne zerlassen und den Couscous darin 2–3 Minuten unter Rühren anbraten. Zum Schluss die Zwiebel, die Aubergine und die Petersilie untermischen und zimmerwarm servieren.

AUBERGINE ALLA PARMIGIANA
FÜR 6–8 PERSONEN ALS BEILAGE ODER LEICHTE MAHLZEIT

1,5 kg Tomaten
Olivenöl zum Braten
1 Zwiebel, gewürfelt
2 Knoblauchzehen, zerdrückt
Meersalz
1 kg Auberginen, in dünne Scheiben
   geschnitten
250 g Mozzarella, in Scheiben geschnitten
175 g Cheddar, fein gerieben
1 große Handvoll Basilikumblätter,
   klein gezupft
50 g Parmesan, gerieben

In einem Topf Wasser zum Kochen bringen. Die Tomaten mit einem kleinen, scharfen Messer am Stielansatz kreuzweise einritzen, 20 Sekunden in kochendes Wasser legen, mit einem Schaumlöffel herausheben und in Eiswasser abschrecken. Tomaten trocken tupfen und die Schale vom Stielansatz her abziehen. Die Tomaten halbieren, die Samen mit einem Löffel herauskratzen und das Fruchtfleisch hacken.

3 EL Olivenöl in einer großen Kasserolle erhitzen und die Zwiebel darin in 5 Minuten bei mittlerer Hitze weich dünsten. Den Knoblauch hinzufügen und 1 Minute anschwitzen. Die Tomaten dazugeben, 15 Minuten köcheln lassen und danach mit Meersalz abschmecken.

Inzwischen den Backofen auf 180 °C vorheizen.

Eine große Pfanne bei mittlerer Hitze heiß werden lassen, den Boden mit Olivenöl bedecken, die Auberginenscheiben portionsweise (gegebenenfalls etwas Öl nachfüllen) in 3–4 Minuten goldbraun braten und auf Küchenpapier abtropfen lassen.

Ein Drittel der Auberginen in eine große Auflaufform schichten, mit der Hälfte des Mozzarellas belegen und mit der Hälfte des Cheddars bestreuen. Den Vorgang noch einmal wiederholen und mit einer Schicht Auberginenscheiben abschließen. Die Tomaten darauf verteilen, mit Basilikum und Parmesan bestreuen, die Auberginen in 40 Minuten im Backofen weich garen und heiß servieren.

VARIANTE: Anstatt die Auberginen in der Pfanne zu braten, kann man sie auch mit Olivenöl bepinseln und unter dem heißen Backofengrill anbräunen.

CAPONATA – SIZILIANISCHES GEMÜSEGERICHT
FÜR 6 PERSONEN ALS BEILAGE ODER TEIL EINES VORSPEISENTELLERS

1 kg Tomaten

3 EL Olivenöl

2 Zwiebeln, in Ringe geschnitten

2 rote Paprikaschoten, in schmale Streifen
  geschnitten

4 Knoblauchzehen, fein gehackt

4 Stangen Sellerie, in Scheiben
  geschnitten

1 große Aubergine (etwa 500 g),
  gewürfelt

Meersalz und frisch gemahlener schwarzer
  Pfeffer

2 EL Thymianblätter

2 EL Zucker

125 ml Rotweinessig

125 g entsteinte grüne Oliven, abgespült
  und abgetropft

2 EL Kapern, abgespült und abgetropft

In einem Topf Wasser zum Kochen bringen. Die Tomaten mit einem kleinen, scharfen Messer am Stielansatz kreuzweise einritzen, 20 Sekunden in kochendes Wasser legen, mit einem Schaumlöffel herausheben und in Eiswasser abschrecken. Tomaten trocken tupfen und die Schale vom Stielansatz her abziehen. Die Tomaten halbieren, die Samen mit einem Löffel herauskratzen und das Fruchtfleisch hacken.

Olivenöl in einer großen Pfanne erhitzen. Zwiebeln, Paprikaschoten, Knoblauch, Sellerie und Aubergine hineingeben, den Deckel auflegen und das Gemüse in 20–30 Minuten bei geringer Hitze weich garen. Dabei gelegentlich umrühren. Anschließend mit Meersalz und frisch gemahlenem schwarzem Pfeffer abschmecken.

Die Tomaten und den Thymian dazugeben und das Gemüse weitere 15 Minuten in der offenen Pfanne köcheln lassen.

Zucker, Essig, Oliven und Kapern untermischen und gegebenenfalls noch einmal abschmecken.

Die Caponata warm oder zimmerwarm als Bestandteil eines Vorspeisentellers oder als Beilage zu gegrilltem Fleisch servieren. Die Caponata schmeckt auch hervorragend, wenn man sie mit gekochten Nudeln mischt und mit geriebenem Pecorino bestreut und als leichtes Mittag- oder Abendessen serviert.

GEBRATENE TOMATEN MIT BALSAMICO-ESSIG
ERGIBT ETWA 40 STÜCK

10 feste Eiertomaten
8 Knoblauchzehen, zerdrückt
4 EL Zucker
4 EL klein gezupfte Basilikumblätter
1 EL gehackter Oregano
einige Tropfen guter Balsamico-Essig
Meersalz und frisch gemahlener schwarzer
    Pfeffer

Den Backofen auf 120 °C vorheizen und zwei Backbleche mit Backpapier auslegen. Die Tomaten der Länge nach vierteln und auf den Blechen verteilen.

In einer kleinen Schüssel den Knoblauch mit Zucker, Basilikum, Oregano und dem Essig mischen. Die Mischung mit den Fingern auf die Tomatenviertel streichen und die Tomaten mit Meersalz und Pfeffer würzen.

Die Tomaten 2½ Stunden im Backofen braten, bis sie an den Rändern leicht verschrumpelt und halb getrocknet, in der Mitte aber noch weich sind.

Die Tomaten warm oder zimmerwarm als Bestandteil eines Vorspeisentellers oder als Beilage zu gegrilltem Fleisch servieren.

In einem luftdicht verschlossenen Behälter im Kühlschrank aufbewahrt, sind die gebratenen Tomaten bis zu einer Woche haltbar.

TOMATEN-BROT-SUPPE
FÜR 4 PERSONEN

750 g Strauchtomaten
1 Laib (etwa 450 g) herzhaftes Landbrot
  vom Vortag (siehe Anmerkung)
1 EL Olivenöl
3 Knoblauchzehen, zerdrückt
1 EL Tomatenmark
etwa 1 l Gemüsebrühe oder Wasser
4 EL klein gezupfte Basilikumblätter
2–3 EL natives Olivenöl extra und etwas
  zum Beträufeln

In einem Topf Wasser zum Kochen bringen. Die Tomaten mit einem kleinen, scharfen Messer am Stielansatz kreuzweise einritzen, 20 Sekunden in kochendes Wasser legen, mit einem Schaumlöffel herausheben und in Eiswasser abschrecken. Tomaten trocken tupfen und die Schale vom Stielansatz her abziehen. Die Tomaten halbieren, die Samen mit einem Löffel herauskratzen und das Fruchtfleisch hacken.

Das Brot entrinden und in 3 cm große Stücke reißen.

Das Olivenöl in einem großen Topf erhitzen. Knoblauch, Tomaten und Tomatenmark hineingeben und bei geringer Hitze 10–15 Minuten köcheln lassen, bis die Mischung etwas eingekocht ist.

Brühe oder Wasser angießen, aufkochen und 2–3 Minuten unter Rühren kochen lassen. Das Brot dazugeben und das Ganze weitere 5 Minuten kochen lassen, bis das Brot weich wird und die Flüssigkeit weitgehend aufgesogen hat. Wenn die Suppe zu dick ist, noch etwas Brühe oder Wasser hinzufügen.

Den Topf vom Herd nehmen, Basilikum und natives Olivenöl einrühren und die Suppe 5 Minuten ruhen lassen, damit sich das Aroma entfalten kann, mit etwas nativem Olivenöl beträufeln und servieren.

ANMERKUNG: Verwenden Sie für dieses Rezept unbedingt ein gutes Bäckerbrot vom Vortag. Industriell hergestelltes Brot ist nach einem Tag noch nicht altbacken und ist darüber hinaus in der Regel zu weich.

GEFÜLLTE TOMATEN
ERGIBT 8 STÜCK

8 Tomaten
100 g weißer Kurzkornreis
Meersalz
2 EL Olivenöl und Öl für die Form und
   zum Bestreichen
1 rote Zwiebel, fein gehackt
1 Knoblauchzehe, zerdrückt
1 TL getrockneter Oregano
3 EL Pinienkerne
3 EL Korinthen
1 Handvoll Basilikumblätter, fein gehackt
2 EL gehackte glatte Petersilie
1 EL gehackter Dill
frisch gemahlener schwarzer Pfeffer

Von den Tomaten jeweils einen Deckel abschneiden. Das Fruchtfleisch mit einem Teelöffel herauslösen und in einem Sieb über einer Schüssel abtropfen lassen. Den Saft aufbewahren. Das Tomatenfleisch fein hacken und in eine Schüssel geben. Die Tomaten zum Abtropfen umgedreht auf einen Rost stellen.

Den Reis in 10–12 Minuten in leicht gesalzenem kochendem Wasser bissfest garen. Abgießen, gut abtropfen und abkühlen lassen.

Inzwischen den Backofen auf 140 °C vorheizen und eine große Auflaufform leicht mit Öl einfetten.

Das Olivenöl in einer Pfanne erhitzen und die Zwiebel mit dem Knoblauch und dem Oregano darin in 8 Minuten bei mittlerer Hitze weich dünsten. Die Pinienkerne und die Korinthen dazugeben und 5 Minuten anbraten. Die Pfanne vom Herd nehmen, die Kräuter untermischen und mit Meersalz und Pfeffer abschmecken.

Die Zwiebelmischung und das Tomatenfruchtfleisch mit dem erkalteten Reis vermengen. Die Tomaten mit dem Reis füllen und die Füllung dabei oben leicht eindrücken. Jeweils 1 EL Tomatensaft in die Mulde gießen und die Tomatendeckel auflegen.

Die Tomaten mit etwas Olivenöl bepinseln, in die Auflaufform setzen, 20–30 Minuten im Backofen garen und warm oder zimmerwarm servieren.

AVOCADO-GRAPEFRUIT-SALAT
FÜR 4 PERSONEN

2 rosa Grapefruits
1 reife Avocado
200 g Brunnenkresse
1 Schalotte, in feine Ringe geschnitten
1 EL Sherryessig
3 EL Olivenöl
Meersalz und frisch gemahlener schwarzer
   Pfeffer

Die Grapefruits mit einem kleinen, scharfen Messer schälen und dabei die weiße Haut mit entfernen. Die Grapefruits dann über einer Schüssel filetieren. Dazu mit dem Messer zwischen die Trennhäutchen und das Fruchtfleisch fahren und die Filets herauslösen. Die Häutchen ausdrücken und den Saft in der Schüssel auffangen.

Die Avocado schälen, halbieren und den Kern entfernen. Das Fruchtfleisch in 2 cm breite Spalten schneiden und mit Grapefruitfilets, Brunnenkresse und Schalotte in eine Schüssel geben.

In einer kleinen Schüssel 1 EL Grapefruitsaft mit Essig, Olivenöl, etwas Meersalz und Pfeffer verrühren, das Dressing über den Salat gießen und die Zutaten vorsichtig durchmischen. Den Salat auf Tellern anrichten und sofort servieren.

AVOCADOSALAT MIT CHILI
FÜR 6 PERSONEN ALS VORSPEISE ODER BEILAGE

2 reife Avocados
abgeriebene Schale von ½ unbehandelten
   Limette oder Zitrone
2 EL frisch gepresster Limetten- oder
   Zitronensaft
1 TL feiner Rohzucker
1 EL Olivenöl
1 EL gehackte glatte Petersilie
1 kleine Zwiebel, in Streifen geschnitten
2–3 kleine rote Chilischoten, die Samen
   entfernt und fein gehackt
Meersalz und frisch gemahlener schwarzer
   Pfeffer

Die Avocados unmittelbar vor dem Servieren schälen, halbieren und die Kerne entfernen. Das Fruchtfleisch in Scheiben oder Spalten schneiden und auf Tellern anrichten.

Die restlichen Zutaten in einer kleinen Schüssel kräftig mit etwas Meersalz und Pfeffer verrühren. Die Avocados mit dem Dressing begießen und sofort servieren.

ÜBERBACKENE BIRNEN
FÜR 6 PERSONEN

3 feste, reife Birnen (z. B. Packham oder
   Beurre Bosc)
40 g Butter
6 dünne Scheiben durchwachsener Speck
   (vorzugsweise Pancetta), fein gehackt
2 Frühlingszwiebeln, in dünne Ringe
   geschnitten
60 g frische Semmelbrösel (siehe Tipp
   Seite 73)
frisch gemahlener schwarzer Pfeffer
4 EL geriebener Parmesan

Den Backofengrill auf mittlerer bis höchster Stufe vorheizen.
Die Birnen der Länge nach halbieren und die Kerngehäuse
entfernen.

Die Butter in einer Pfanne zerlassen. Die Birnen mit
etwas zerlassener Butter bepinseln, mit der Schnittfläche nach
oben auf ein Backblech legen und 4 Minuten grillen, bis die
Schnittfläche leicht gebräunt ist.

Speck und Frühlingszwiebeln in 3 Minuten bei mittlerer
Hitze in der restlichen Butter weich dünsten, ohne dass sie
Farbe annehmen. Die Semmelbrösel untermischen und mit
Pfeffer abschmecken.

Die Birnen mit der Mischung füllen, mit dem Parmesan
bestreuen und 3 Minuten grillen, bis der Käse goldbraun ist.

Die überbackenen Birnen warm als Vorspeise oder als
Beilage zu Brathähnchen servieren.

GEMISCHTER BLATTSALAT MIT TRAUBEN UND WALNÜSSEN
FÜR 6 PERSONEN

1 Kopfsalat
1 Radicchio
150 g Rucola
175 g kernlose weiße Weintrauben
60 g Walnusskerne, geröstet

FÜR DAS DRESSING
4 EL natives Olivenöl extra
1 EL frisch gepresster Zitronensaft
2 EL grobkörniger Senf
frisch gemahlener schwarzer Pfeffer
1 EL Schnittlauchröllchen

Die äußeren Blätter von Kopfsalat und Radicchio entfernen
und wegwerfen. Die restlichen Blätter ablösen. Kopfsalat,
Radicchio und Rucola vorsichtig waschen, trocken schleudern
und in einem luftdicht verschlossenen Behälter oder Plastikbeutel in den Kühlschrank legen.

Die gekühlten Salatblätter in einer großen Schüssel mit
den Trauben mischen und die Walnüsse darüberstreuen.

In einer Schüssel das Öl mit dem Zitronensaft und Senf
kräftig verrühren. Mit Pfeffer abschmecken und den Schnittlauch unterrühren.

Den Salat mit dem Dressing beträufeln und servieren.

JAKOBSMUSCHELSALAT MIT SPINAT UND INGWER
FÜR 4 PERSONEN

300 g Jakobsmuscheln
100 g junger Spinat, geputzt
1 kleine rote Paprikaschote, in sehr dünne
 Streifen geschnitten
50 g Sojasprossen
Olivenöl zum Bestreichen

FÜR DAS DRESSING
30 ml Sake oder trockener Sherry
1 EL frisch gepresster Limetten- oder
 Zitronensaft
2 TL Palmzucker (siehe Anmerkung)
 oder feiner Rohzucker
1 TL Fischsauce

Die Jakobsmuscheln mit einem kleinen, scharfen Messer von den Häutchen befreien und mit Küchenpapier trocken tupfen.

Die Zutaten für das Dressing in einer kleinen Schüssel kräftig verrühren.

Spinat, Paprikaschote und Sojasprossen auf vier Teller verteilen.

Eine Grillpfanne oder Grillplatte auf mittlerer Stufe vorheizen und mit etwas Olivenöl einstreichen. Die Jakobsmuscheln darin portionsweise auf jeder Seite 1 Minute grillen, bis sie gerade durchgegart sind.

Die Jakobsmuscheln auf dem Gemüse anrichten, mit dem Dressing beträufeln und servieren.

ANMERKUNG: Palmzucker wird in Form von Presskuchen angeboten und ist in asiatischen Lebensmittelgeschäften erhältlich.

RISOTTO MIT FISCH, ZITRONE UND KRÄUTERN

FÜR 4 PERSONEN

1½ l Fischbrühe
60 g Butter
400 g festes Weißfischfilet, enthäutet und
   in 3 cm große Würfel geschnitten
1 Zwiebel, fein gehackt
1 Knoblauchzehe, zerdrückt
einige Safranfäden
325 g Risottoreis
2 EL frisch gepresster Zitronensaft
1 EL fein gehackte glatte Petersilie
1 EL Schnittlauchröllchen
1 EL fein gehackter Dill
unbehandelte Zitronenschnitze zum
   Garnieren (nach Belieben)
Kräuterzweige zum Garnieren (nach
   Belieben)

Die Brühe in einem Topf aufkochen, den Deckel auflegen und die Brühe bei geringer Hitze köcheln lassen.

Die Hälfte der Butter in einer Pfanne zerlassen und das Fischfilet darin portionsweise jeweils 3–4 Minuten bei mittlerer bis starker Hitze braten, bis er gerade durchgegart ist. Fischfilet dabei einmal wenden. Anschließend aus der Pfanne nehmen und warm stellen.

Die restliche Butter in einem großen Topf zerlassen und die Zwiebel mit dem Knoblauch darin in 5 Minuten bei mittlerer Hitze weich dünsten. Den Safran und den Reis hinzufügen und gut umrühren. 125 ml Brühe angießen und den Reis bei geringer Hitze köcheln lassen, bis er die Flüssigkeit vollständig aufgesogen hat. Den Vorgang so lange wiederholen, bis der Reis weich und cremig ist (Sie benötigen eventuell etwas mehr oder etwas weniger Brühe).

Den Zitronensaft und die Kräuter untermischen und danach vorsichtig den Fisch unterheben. Den Risotto auf vorgewärmte Schalen verteilen, nach Belieben mit Zitronenschnitzen und Kräuterzweigen garnieren und servieren.

EINGELEGTE ZITRONEN
ERGIBT 1 GROSSES GLAS (2 LITER)

8–12 kleine, dünnschalige unbehandelte
Zitronen
300 g Salz (z. B. Steinsalz)
750 ml frisch gepresster Zitronensaft
(aus 10–12 Zitronen)
½ TL schwarze Pfefferkörner
1 Lorbeerblatt
Olivenöl

Die Zitronen unter fließendem warmem Wasser mit einer weichen Bürste abbürsten, um die Wachsschicht zu entfernen.

Die Zitronen dann so viertеln, dass sie unten noch zusammenhängen. Dabei von der Spitze zum Stielansatz schneiden. Die Viertel vorsichtig auseinanderziehen und die Kerne entfernen. Die Zitronen mit 1 EL Salz füllen und wieder zusammenfügen. Anschließend in ein sterilisiertes 2-Liter-Glas mit fest schließendem Deckel füllen (siehe Anmerkung Seite 69). Die Zitronen dabei gut andrücken (das Glas sollte ganz gefüllt sein. Je nach Größe benötigen Sie unter Umständen nicht alle 12 Zitronen).

250 ml Zitronensaft, die Pfefferkörner, das Lorbeerblatt und das restliche Salz hinzufügen. Das Glas dann mit dem restlichen Zitronensaft auffüllen, luftdicht verschließen und die Zitronen sechs Wochen an einem kühlen, lichtgeschützten Platz durchziehen lassen. Das Glas einmal wöchentlich umdrehen, damit sich das Salz auflöst. Die Flüssigkeit ist anfangs trüb, wird aber nach der vierten Woche klar.

Um zu prüfen, ob die Zitronen bereits konserviert sind, ein Zitronenviertel in der Mitte durchschneiden. Ist die Albedo (die weiße, pelzige Gewebeschicht) noch weiß, sind die Zitronen noch nicht ausreichend konserviert. Das Glas dann wieder luftdicht verschließen und nach einer Woche erneut die Probe machen. Die Zitronenschale sollte weich und die Albedo durchsichtig sein.

Sobald die Zitronen konserviert sind, die Salzlake mit Olivenöl bedecken. Die Ölschicht jedes Mal erneuern, wenn Sie dem Glas etwas entnommen haben und das Glas nach dem Öffnen im Kühlschrank aufbewahren.

ANMERKUNG: An einem kühlen, lichtgeschützten Ort sind die eingelegten Zitronen bis zu sechs Monate haltbar. Zum Kochen verwendet man nur die Schale, das salzige Fruchtfleisch und die bittere Albedo wirft man weg. Die Schale abspülen und in feine Streifen schneiden oder hacken und zum Aromatisieren von Couscous, Farcen, Taginen und Eintöpfen verwenden.

TARTE TATIN MIT BIRNEN
FÜR 8 PERSONEN

150 g Zucker
50 g Butter in kleinen Stücken
½ TL gemahlener Ingwer
½ TL gemahlener Zimt
3 Birnen (z. B. Beurre Bosc), geschält,
   die Kerngehäuse entfernt und quer
   gesechstelt
450 g tiefgekühlter Blätterteig, aufgetaut
Mehl für die Arbeitsfläche
Crème double

Den Backofen auf 200 °C vorheizen.

Eine Bratpfanne (22 cm Ø) mit hitzebeständigem Griff bei mittlerer Hitze heiß werden lassen. Den Zucker hineingeben und so lange erhitzen, bis ein dunkler Karamell entstanden ist. Die Pfanne dabei ständig rütteln. Butter, Ingwer und Zimt einrühren, die Birnenstücke darauf verteilen und mit dem Sirup überziehen. Die Wärmezufuhr dann verringern, den Deckel auflegen und die Birnen 5 Minuten bei geringer Hitze garen, bis sie beginnen weich zu werden.

Die Pfanne vom Herd nehmen, die Birnen fächerförmig auf dem Pfannenboden anordnen und abkühlen lassen.

Den Blätterteig auf der leicht bemehlten Arbeitsfläche zu einer Scheibe (etwa 24 cm Ø) ausrollen. Den Teig auf die Birnen in der Pfanne legen und am Rand etwas nach unten drücken, sodass die Birnen davon umschlossen sind

Die Tarte 20–25 Minuten backen, bis der Teig aufgegangen und leicht gebräunt ist.

Aus dem Ofen nehmen und 10 Minuten in der Pfanne abkühlen lassen. Dann mit einem Messer am Rand entlangfahren, um den Teig vom Rand zu lösen, und die Tarte auf eine Servierplatte stürzen.

Warm mit Crème double servieren.

VARIANTE: Für eine klassische Tarte Tatin die Birnen durch 2–3 grüne Äpfel (z. B. Granny Smith) ersetzen.

ORANGENSALAT
FÜR 4 PERSONEN

4 Orangen
abgeriebene Schale von ½ unbehandelten
   Zitrone
1 EL frisch gepresster Zitronensaft
3 EL Zucker
2 EL Cointreau oder Maraschino (nach
   Belieben)

Von den Orangen oben und unten eine dünne Scheibe abschneiden. Die Früchte dann mit einem kleinen, scharfen Messer schälen und dabei auch die weiße Haut mit entfernen. Die Früchte dann über einer Schüssel filetieren. Dazu mit dem Messer zwischen die Trennhäutchen und das Fruchtfleisch fahren und die Filets herauslösen. Die Häutchen ausdrücken und den Saft in der Schüssel auffangen.

Die Orangenfilets mit dem Saft in eine Servierschüssel geben, Zitronenschale, Zitronensaft und Zucker hinzufügen und die Zutaten vorsichtig mischen. Abdecken und mindestens 2 Stunden in den Kühlschrank stellen.

Den Orangensalat noch einmal durchmischen, nach Belieben den Likör unterrühren und gut gekühlt servieren.

MANDARINENEIS
FÜR 4–6 PERSONEN

10 Mandarinen
100 g Zucker

Die Mandarinen auspressen (Sie benötigen 500 ml Saft), den Saft durchseihen und beiseitestellen.

Den Zucker mit 250 ml Wasser in einen Topf geben und 5 Minuten bei geringer Hitze unter ständigem Rühren erhitzen, bis er sich aufgelöst hat. Anschließend noch weitere 5 Minuten köcheln lassen, den Topf dann vom Herd nehmen und den Sirup etwas abkühlen lassen.

Den Mandarinensaft unterrühren, die Mischung in eine flache Metallschale gießen und 2 Stunden gefrieren lassen.

Die Mischung dann im Mixer oder mit einem Holzkochlöffel in einer Schüssel glatt rühren. Wieder in die Gefriertruhe stellen und den Vorgang noch dreimal wiederholen.

Das Mandarineneis in gekühlten Gläsern servieren und möglichst nicht länger als ein bis zwei Tage aufbewahren.

ORANGEN-ZITRONEN-KUCHEN
FÜR 10–12 PERSONEN

Fett für die Form
3 unbehandelte Zitronen
3 unbehandelte Orangen
250 g Butter in kleinen Stücken
700 g Zucker
6 Eier, verquirlt
375 ml Milch
375 g Mehl, gesiebt
3 TL Backpulver

Den Backofen auf 140 °C vorheizen. Eine Springform (24 cm Ø) einfetten und mit Backpapier auskleiden.

Die Schale der Zitronen und Orangen abreiben (Sie benötigen jeweils 3 EL) und die Früchte auspressen (Sie benötigen jeweils 175 ml Saft).

In einer Kasserolle die Butter mit 500 g Zucker und je 1 EL Zitronen- und Orangenschale bei geringer Hitze unter Rühren erhitzen, bis die Butter geschmolzen ist und der Zucker sich aufgelöst hat. Die Mischung anschließend in eine Schüssel umfüllen.

Jeweils die Hälfte der verquirlten Eier, der Milch, des Mehls und des Backpulvers hinzufügen und die Zutaten kurz mit dem Handmixer verrühren. Die zweite Hälfte der Zutaten hinzufügen und alles kurz zu einem glatten Teig verrühren.

Den Teig in die Springform füllen und 75 Minuten backen. Den Kuchen gegebenenfalls mit Alufolie abdecken, falls er oben zu schnell braun wird. Am Ende der Backzeit prüfen, ob der Kuchen gar ist. Dazu den Kuchen in der Mitte mit einem Holzspieß einstechen. Haftet nach dem Herausziehen kein Teig daran, ist der Kuchen fertig. In einer Kasserolle den Saft mit der restlichen Orangen- und Zitronenschale, dem übrigen Zucker und 125 ml Wasser bei geringer Hitze unter Rühren erhitzen, bis sich der Zucker aufgelöst hat. Die Fruchtsaftmischung 10 Minuten bei starker Hitze kochen lassen, bis sie etwas eingedickt ist.

Den ausgekühlten Kuchen mit dem Sirup begießen, 10 Minuten in der Form ruhen lassen und anschließend auf eine Servierplatte stürzen.

Den Orangen-Zitronen-Kuchen in einem luftdicht verschlossenen Behälter an einem kühlen Ort aufbewahren, er ist so bis zu vier Tage haltbar.

Kaltes Mandarinensoufflé
Für 4 Personen

Pflanzenöl zum Bestreichen
5 Eier, getrennt
225 g Zucker
2 TL abgeriebene Mandarinenschale
175 ml Mandarinensaft, durchgeseiht
1 EL gemahlene Gelatine
300 g Sahne, leicht geschlagen, und
    Schlagsahne zum Garnieren
Mandarinenzesten, in Juliennestreifen
    geschnitten zum Garnieren

Vier breite Streifen Alufolie zurechtschneiden und einmal der Länge nach zusammenfalten. Vier kleine Souffléformen mit der Alufolie umwickeln und dabei einen 4 cm hohen Rand überstehen lassen. Die Folie mit Küchengarn fixieren und die überstehende Folie innen mit etwas Öl bepinseln.

In einer kleinen Schüssel die Eigelbe mit dem Handmixer 3 Minuten mit dem Zucker und der abgeriebenen Mandarinenschale schaumig schlagen.

Den Mandarinensaft in einer kleinen Kasserolle erhitzen und nach und nach die Eigelbmischung einrühren, bis eine homogene Masse entstanden ist.

3 EL Wasser in eine kleine feuerfeste Schüssel geben, die Gelatine einstreuen und 5 Minuten ruhen lassen, bis die Gelatine weich ist. Die Schüssel in einen kleinen Topf mit siedendem Wasser stellen und die Gelatine 3 Minuten erhitzen, bis sie sich aufgelöst hat. Gelatine dann nach und nach vorsichtig unter die Eigelbmischung rühren.

Die Mischung in eine große Schüssel umfüllen, mit Frischhaltefolie abdecken und 15 Minuten in den Kühlschrank stellen, bis sie eingedickt, aber noch nicht fest ist. Die Sahne mit einem Metalllöffel unterheben, aber nicht vollständig mit der Eiermasse verrühren.

Die Eiweiße in einer sauberen, trockenen Schüssel mit dem Handmixer steif schlagen und den Eischnee vorsichtig unter die Eiermasse heben. Die Zutaten dabei gerade nur so lange verrühren, bis keine Eiweißspuren mehr zu sehen sind.

Vorsichtig in die vorbereiteten Souffléformen geben und ca. 4 Stunden kühlen. Vor dem Servieren die Folien entfernen und die Soufflés mit Schlagsahne und den Mandarinenzesten verzieren.

TIPP: Das Soufflé kann bis zu acht Stunden im Voraus zubereitet werden.

RICOTTA-CRÊPES MIT ORANGENSAUCE
FÜR 4 PERSONEN

75 g Mehl
1 Prise Meersalz
1 Ei, verquirlt
325 ml Milch
Butter zum Einfetten

FÜR DIE FÜLLUNG
3 EL Sultaninen
250 ml Orangensaft
200 g Ricotta
abgeriebene Schale von
    ½ unbehandelten Orange
1 Msp. natürlicher Vanilleextrakt

FÜR DIE ORANGENSAUCE
50 g Butter
3 EL Zucker
1 EL Grand Marnier

Das Mehl mit dem Meersalz in eine Schüssel sieben und in die Mitte eine Mulde drücken. In einer zweiten Schüssel das Ei mit der Milch verrühren, in die Mulde gießen und die Zutaten mit dem Schneebesen zu einem glatten Teig verrühren. Mit Frischhaltefolie abdecken und 30 Minuten ruhen lassen.

Eine beschichtete Crêpepfanne (16 cm Ø) erhitzen und mit etwas Butter einfetten. 1–2 EL Teig in die Pfanne gießen und die Pfanne schwenken, damit sich der Teig gleichmäßig auf dem Pfannenboden verteilt. Den Crêpe 1–2 Minuten bei mittlerer Hitze backen, bis die Unterseite goldbraun ist. Den Crêpe wenden, auf der anderen Seite backen und danach auf einen Teller legen. Auf diese Weise 8 Crêpes herstellen. Die Pfanne dabei bei Bedarf immer wieder mit Butter einfetten. Die fertigen Crêpes auf einem Teller stapeln und jeweils ein Stück Backpapier dazwischenlegen.

Den Backofen auf 140 °C vorheizen.

Für die Füllung die Sultaninen in einer kleinen Schüssel 15 Minuten im Orangensaft einweichen, anschließend abgießen – den Saft dabei auffangen – und gut abtropfen lassen. Sultaninen in einer großen Schüssel gut mit Ricotta, Orangenschale und Vanilleextrakt verrühren.

Die Füllung esslöffelweise am Rand der Crêpes verteilen, die Crêpes zweimal zusammenfalten, auf vier hitzebeständigen Tellern anrichten und 10 Minuten im Ofen backen.

Inzwischen die Orangensauce zubereiten. Dazu die Butter bei geringer Hitze in einer kleinen Kasserolle zerlassen. Den Zucker und den aufbewahrten Orangensaft hinzufügen und das Ganze bei mittlerer Hitze unter Rühren erhitzen, bis sich der Zucker aufgelöst hat. Anschließend aufkochen und 10 Minuten bei geringer Hitze köcheln lassen, bis die Flüssigkeit etwas eingekocht ist. Den Grand Marnier einrühren und die Sauce 3–4 Minuten abkühlen lassen.

Die warmen Crêpes mit der Sauce begießen und sofort servieren.

TIPP: Die Crêpes können bis zu vier Stunden im Voraus gebacken und bis zur Fertigstellung abgedeckt im Kühlschrank aufbewahrt werden. Die Crêpes unmittelbar vor dem Servieren füllen und noch einmal erhitzen.

ZITRUSMARMELADE

ERGIBT 12 GLÄSER À 250 GRAMM

1 unbehandelte Grapefruit
2 unbehandelte Orangen
2 unbehandelte Zitronen
3 kg Zucker

Die Früchte unter fließendem warmem Wasser mit einer weichen Bürste abbürsten, um die Wachsschicht zu entfernen.

Die Grapefruit vierteln, die Orangen und die Zitronen halbieren. Die Früchte dann in sehr dünne Scheiben schneiden und in eine große Schüssel (kein Metall) legen. Die Kerne aufheben, in ein Stück Gaze einbinden und mit 250 ml Wasser zu den Zitrusscheiben geben. Zudecken und über Nacht durchziehen lassen.

Zwei kleine Teller in die Gefriertruhe stellen. Die Früchte mit dem Wasser in einen Einmachtopf oder einen großen Topf füllen, langsam aufkochen lassen, anschließend den Deckel auflegen und die Früchte 1 Stunde bei geringer Hitze köcheln lassen, bis sie weich sind. Inzwischen den Zucker in einer großen Auflaufform verteilen und 10 Minuten im 100 °C heißen Backofen erhitzen. Dabei gelegentlich umrühren.

Den warmen Zucker auf einmal zu den Früchten geben und bei geringer Hitze so lange rühren, bis er sich aufgelöst hat. Die Mischung dann zum Kochen bringen und 50–60 Minuten sprudelnd kochen lassen. Um zu prüfen, ob die Marmelade ausreichend gekocht ist, etwas heiße Marmelade auf einen eisgekühlten Teller geben. Ist sie ausreichend gekocht, bildet sich auf ihrer Oberfläche eine feine Haut und der Finger hinterlässt eine deutliche Spur, wenn man damit durch die Marmelade fährt. Ist dies nicht der Fall, die Marmelade weiterkochen und erneut die Probe machen. Die Marmelade anschließend 10 Minuten abkühlen lassen, abschäumen und das Säckchen mit den Kernen herausnehmen.

Die leicht abgekühlte Marmelade in heiße, sterilisierte Schraubgläser (siehe Anmerkung Seite 69) abfüllen und luftdicht verschließen. Die Gläser 2 Minuten auf den Kopf stellen, wieder umdrehen und die Marmelade vollständig abkühlen lassen. Die Gläser dann etikettieren und mit dem Datum versehen.

An einem kühlen, lichtgeschützten Platz ist die Marmelade zwölf Monate haltbar. Geöffnete Gläser können bis zu acht Wochen im Kühlschrank aufbewahrt werden.

KARAMELLISIERTE APFELMOUSSE
FÜR 4 PERSONEN

50 g Butter
3 EL Zucker
175 g Sahne
500 g grüne Äpfel, geschält, die Kerngehäuse entfernt und in schmale
   Spalten geschnitten
2 Eier, getrennt

Die Butter mit dem Zucker in eine Pfanne geben und den Zucker bei geringer Hitze unter Rühren auflösen. Die Mischung dann bei mittlerer Hitze kochen lassen, bis ein goldbrauner Karamell entstanden ist. Dabei häufig umrühren. 2 EL Sahne hinzufügen und glatt rühren.

Die Apfelspalten in die Pfanne geben, 10–15 Minuten bei mittlerer Hitze kochen, bis sie weich sind und der Karamell klebrig und stark reduziert ist. 8 Apfelspalten herausnehmen und beiseitestellen.

Die restlichen Äpfel mit dem Karamell im Mixer zu einem glatten Püree verrühren. In eine große Schüssel füllen, die Eigelbe unterrühren und abkühlen lassen.

Die Eiweiße in einer sauberen, trockenen Schüssel mit dem Handmixer steif schlagen und den Eischnee vorsichtig unter das erkaltete Apfelpüree heben.

Die restliche Sahne schlagen und ebenfalls unter das Apfelpüree heben. Die Mousse in eine große Servierschüssel füllen oder auf vier Schälchen verteilen und 3 Stunden im Kühlschrank fest werden lassen.

Mit den restlichen Apfelspalten garnieren und servieren.

APFEL-BIRNEN-SORBET
FÜR 4–6 PERSONEN

4 große grüne Äpfel, geschält, die Kerngehäuse entfernt und klein geschnitten

4 Birnen, geschält, die Kerngehäuse entfernt und klein geschnitten

1 lange, breite Zeste von 1 unbehandelten Zitrone

1 Zimtstange

3 EL frisch gepresster Zitronensaft

4 EL Zucker

2 EL Calvados oder Williams-Christ-Likör (nach Belieben)

Die Äpfel und die Birnen mit der Zitronenschale und der Zimtstange in einem großen Topf knapp mit Wasser bedecken, aufkochen, den Deckel auflegen und die Früchte in 6–8 Minuten bei geringer bis mittlerer Hitze weich garen. Abgießen, 4 EL Kochflüssigkeit auffangen und die Zitronenschale und die Zimtstange entfernen.

Die Früchte anschließend mit dem Zitronensaft im Mixer zu einem glatten Püree verrühren.

Den Zucker und die Kochflüssigkeit in einer Kasserolle aufkochen und 1 Minute köcheln lassen. Anschließend das Fruchtpüree und nach Belieben den Likör einrühren.

Die Mischung in eine flache Metallschale füllen und 2 Stunden in die Gefriertruhe stellen, bis sie am Rand gefroren ist.

Das Sorbet dann im Mixer oder mit einem Holzkochlöffel glatt rühren, wieder in die Schale füllen und wiederum 2 Stunden gefrieren lassen. Den Vorgang noch dreimal wiederholen.

Das Sorbet danach in eine Gefrierdose füllen, mit einem Stück Backpapier abdecken, luftdicht verschließen und vollständig gefrieren lassen.

Das Apfel-Birnen-Sorbet in kleinen Gläsern oder Glasschalen servieren.

Das Sorbet kann bis zu drei Tage aufbewahrt werden.

TIPP: Das Sorbet vor dem Servieren nach Belieben noch mit etwas Calvados beträufeln.

GEGRILLTE ANANAS MIT RUM
FÜR 6 PERSONEN

1 große Ananas
Öl zum Bestreichen
40 g Palmzucker, grob gerieben,
  oder feiner Rohzucker
2½ EL Rum
2 EL Limettensaft
3 EL Minzeblättchen
Crème double

Die Grillplatte oder eine Grillpfanne bei mittlerer Hitze heiß werden lassen.

Die Ananas schälen, die »Augen« herausschneiden und die Frucht der Länge nach vierteln und den Strunk herausschneiden.

Die Grillplatte oder die Pfanne mit Öl einstreichen und die Ananasviertel etwa 10 Minuten rundherum anbräunen.

Anschließend in 1,5 cm dicke Scheiben schneiden und die Scheiben fächerförmig auf einer großen Servierplatte anrichten.

Zucker, Rum und Limettensaft in einem Kännchen verrühren, bis sich der Zucker aufgelöst hat, und die Zuckermischung gleichmäßig über die warmen Ananasscheiben verteilen. Früchte mit Frischhaltefolie abdecken und einige Stunden in den Kühlschrank stellen.

Die Ananas mit Minzeblättchen bestreuen und zimmerwarm mit Crème double servieren.

ANMERKUNG: Palmzucker wird in Form von Presskuchen angeboten und ist in asiatischen Lebensmittelgeschäften erhältlich.

Würzige Bratäpfel
Für 4 Personen

zerlassene Butter für die Form
4 grüne Äpfel
3 EL feiner Rohzucker
3 EL gehackte getrocknete Feigen
3 EL gehackte getrocknete Aprikosen
3 EL Mandelblättchen
1 EL Aprikosenkonfitüre
1 Msp. gemahlener Kardamom
1 Msp. gemahlener Zimt
30 g Butter in kleinen Stücken
Schlagsahne, Vanillesauce oder Eiscreme
    (nach Belieben)

Den Backofen auf 160 °C vorheizen und eine hohe, quadratische Auflaufform mit zerlassener Butter einfetten.

Die Äpfel schälen und die Kerngehäuse herausstechen. Die Äpfel danach vorsichtig im Zucker wälzen. In einer Schüssel Feigen, Aprikosen, Mandelblättchen, Konfitüre und Gewürze vermengen.

Die Äpfel mit der Mischung füllen, in die Auflaufform setzen, mit Butterflöckchen belegen und in 35–40 Minuten im Backofen weich garen.

Warm nach Belieben mit Schlagsahne, Vanillesauce oder Eiscreme servieren.

Die Bratäpfel schmecken frisch zubereitet am besten.

AUSGEBACKENE BANANEN IM KOKOSTEIG
FÜR 6 PERSONEN

100 g Klebreismehl (siehe Anmerkung)
100 g frisch geraspelte Kokosnuss oder
  60 g getrocknete Kokosraspel
3 EL Zucker
1 EL Sesamsamen
3 EL Kokosmilch
Öl zum Frittieren
3 feste, reife Bananen
Eiscreme

Das Reismehl in einer Schüssel mit Kokosraspeln, Zucker, Sesam, Kokosmilch und 3 EL Wasser zu einem glatten Teig verrühren. Gegebenenfalls noch etwas Wasser hinzufügen, wenn der Teig zu dick ist. Er sollte eine dickflüssige Konsistenz haben und gut an den Früchten haften. Teig mit Frischhaltefolie abdecken und 1 Stunde ruhen lassen.

Einen Wok oder eine hohe Pfanne zu einem Drittel mit Öl füllen und das Öl auf 180 °C erhitzen (um festzustellen, ob die Temperatur erreicht ist, einen Brotwürfel ins Öl geben. Er muss in 15 Sekunden gebräunt sein.).

Die Bananen schälen, dann zunächst der Länge nach und danach noch einmal quer halbieren. Die Bananenstücke durch den Teig ziehen, überschüssigen Teig abtropfen lassen, die Bananen vorsichtig in das heiße Fett gleiten lassen und 4–6 Minuten frittieren, bis sie rundherum goldbraun sind. Mit einem Schaumlöffel herausheben und auf Küchenpapier gut abtropfen lassen. Heiß mit Eiscreme servieren.

ANMERKUNG: Klebreismehl wird aus fein gemahlenem Klebreis hergestellt und ist in asiatischen Lebensmittelgeschäften erhältlich. Verwechseln Sie es nicht mit herkömmlichem Reismehl.

SCHOKO-BANANEN-KUCHEN
FÜR 6–8 PERSONEN

Fett für die Form
3 sehr reife Bananen, zerdrückt
175 g Zucker
175 g Mehl, gesiebt
1½ TL Backpulver
2 Eier, verquirlt
3 EL Pflanzenöl
3 EL Milch
100 g Zartbitterschokolade, geraspelt
90 g Walnusskerne, fein gehackt
Schlagsahne (nach Belieben)

Den Backofen auf 160 °C vorheizen. Eine kleine Kastenform leicht einfetten und den Boden mit Backpapier auslegen.

Die Bananen in einer Schüssel gut mit dem Zucker vermengen. Mehl, Backpulver, Eier, Öl und Milch hinzufügen und die Zutaten vorsichtig zu einem glatten Teig verrühren. Zum Schluss die Schokolade und die Walnüsse unterheben.

Den Teig in die Form füllen und 55 Minuten backen. Am Ende der Backzeit prüfen, ob der Kuchen gar ist. Dazu den Kuchen in der Mitte mit einem Holzspieß einstechen. Haftet nach dem Herausziehen kein Teig daran, ist der Kuchen fertig. Den Kuchen aus dem Ofen nehmen, 5 Minuten in der Form abkühlen lassen und danach auf ein Kuchengitter stürzen.

Warm nach Belieben mit Schlagsahne servieren.

TIPP: Bei warmem Wetter lässt sich Schokolade leichter raspeln, wenn man sie vorher einige Minuten in der Gefriertruhe hart werden lässt.

Karamellisierte Bananen mit Rum
Für 4 Personen

2 EL Butter
4 feste, reife Bananen,
   der Länge nach halbiert
2 EL feiner Rohzucker
2 EL Rum
Vanilleeis

Die Butter in einer großen Pfanne zerlassen und die Bananen-hälften (gegebenenfalls portionsweise) kurz bei mittlerer bis starker Hitze anbraten. Die Bananen dabei vorsichtig wenden, bis sie rundherum mit der Butter überzogen sind.

Den Zucker hinzufügen und die Bananen 1 Minute kara-mellisieren lassen.

Mit dem Rum beträufeln, auf vier Teller verteilen und mit einer Kugel Vanilleeis servieren.

Apfelpudding
Für 4 Personen

Fett für die Form
4 EL Zucker
100 g Perlsago
600 ml Milch
50 g Sultaninen
1 Msp. Meersalz
1 TL natürlicher Vanilleextrakt
1 Prise geriebene Muskatnuss
1 Msp. gemahlener Zimt
2 Eier, verquirlt
3 kleine Äpfel (z. B. Braeburn oder Golden
   Delicious), geschält, die Kerngehäuse
   entfernt und in sehr dünne Scheiben
   geschnitten
1 EL feiner Rohzucker
Schlagsahne oder Eiscreme

Den Backofen auf 160 °C vorheizen und eine große Soufflé-form einfetten.

Den Zucker mit Sago, Milch, Sultaninen und Meersalz in einer Kasserolle unter Rühren aufkochen und danach bei geringer Hitze 5 Minuten köcheln lassen.

Die Gewürze, die Eier und die Äpfel hinzufügen und die Mischung vorsichtig in die Form gießen. Den Pudding mit dem Rohzucker bestreuen und 45 Minuten im Backofen garen, bis er in der Mitte gestockt und oben leicht gebräunt ist.

Heiß oder warm mit Schlagsahne oder Eiscreme servieren.

Kräuter und Blattgemüse

Ob erfrischende Minze, würziges Basilikum oder saftige Petersilie – für fast jedes Gericht gibt es das passende Kraut. Viele dieser Kräuter haben eine faszinierende Geschichte und dienten ursprünglich als Heilkraut. Nicht minder wertvoll – und schmackhaft – ist aber auch das bis obenhin mit Vitaminen und Mineralstoffen vollgepackte Blattgemüse.

Wählen Sie beim Einkauf von Kräutern und Blattgemüse möglichst junge Blätter aus, denn mit der Zeit verlieren sie ihren feinen Geschmack. Und schneiden Sie Kräuter und Blattgemüse nach Möglichkeit nicht (und wenn, dann nur mit einem scharfen Messer), denn beim Schneiden werden die Zellen zerstört, wodurch der Geschmack beeinträchtigt werden kann. Kräuter und Blattgemüse erst unmittelbar vor der Zubereitung waschen und putzen. Welke Blätter werden wieder frisch, indem man sie kurz in eine Schüssel mit Eiswasser legt und danach gut trocknet.

BASILIKUM

Basilikum war ursprünglich vermutlich in Indien beheimatet. Es wird bereits seit Jahrhunderten als Heilkraut geschätzt. Basilikum hat einen intensiven, würzigen, anisartigen Geschmack. Am bekanntesten ist das **süße Basilikum**. Es hat zarte, breite, nach vorn spitz zulaufende Blätter und blüht im Hochsommer. Das hübsche **rote Basilikum** hat kleine, rötlich violette Blätter, die am Rand leicht gewellt sind. Es weist deutliche Anklänge an die Gewürznelke auf und verliert seine leuchtende Farbe beim Kochen, weshalb man es meist roh in Salaten verwendet. **Zitronen- und Anisbasilikum** enthalten chemische Stoffe, die ihnen den Geschmack und das Aroma von Zitronen, Gewürznelken und Anis verleihen.

Man verwendet sie ähnlich wie das süße Basilikum. Für Pestos sind sie allerdings wegen ihres intensiven Aromas nicht geeignet. In der asiatischen Küche verwendet man die unterschiedlichsten Basilikumarten, allen voran das **Thai-Basilikum** mit seinem ausgeprägten, würzigen, an Minze erinnernden Aroma.

Achten Sie beim Einkauf darauf, dass die Blätter keine Druckstellen haben, nicht welk sind und keine Blüten tragen, da dies ihren Geschmack beeinträchtigen kann. Basilikum mit den Stielen in einer gut verschlossenen Plastiktüte maximal zwei Tage im Kühlschrank aufbewahren.

Basilikum kann roh verwendet werden oder man gibt es gekochten Speisen unmittelbar vor dem Servieren bei. Es passt ausgezeichnet zu Ei, Pasta- und Reisgerichten, Eintöpfen, Saucen und Suppen auf Tomatenbasis, mediterranen Gemüsegerichten, Rotwein, Zitrusfrüchten, Knoblauch und Käse.

Brunnenkresse

Brunnenkresse ist reich an den Vitaminen C, A und K und enthält darüber hinaus Eisen, Calcium, Folsäure und Antioxidantien.

Brunnenkresse hat einen scharfen, senfartigen Geschmack, der mit zunehmendem Alter noch intensiver wird und der beim Kochen etwas abgemildert wird. Sie ist sehr empfindlich und nicht lange haltbar. Kaufen Sie keine Brunnenkresse mit dicken Stielen, denn diese schmecken sehr scharf. In einem Plastikbeutel hält sich Brunnenkresse zwei Tage im Gemüsefach des Kühlschranks.

Für Salate nur die Blätter abzupfen (bei gekochten Speisen können die Stiele mit verwendet werden). Die Blättchen unmittelbar vor der Zubereitung waschen und sorgfältig trocken tupfen.

Brunnenkresse passt gut zu Fleisch (auch zu geräuchertem und gepökeltem Fleisch) und Fisch (auch zu geräuchertem und eingelegtem Fisch), Blattgemüse, Zitronen, Orangen, Walnüssen und Haselnüssen, Avocados, Zwiebeln, Auberginen, Tomaten, Kartoffeln, Süßkartoffeln, Oliven, Balsamico-Essig, Parmesan und Blauschimmelkäse.

Chicorée

Die kompakten Sprossen bestehen aus leicht spitz zulaufenden gelblichen Blättern. Die helle Farbe rührt daher, dass die Sprossen unter der Erde wachsen. Der Anbau von Chicorée ist sehr arbeitsintensiv, deshalb ist das Gemüse in der Regel nicht ganz billig. Chicorée hat einen süßlichen, fast sahnigen Geschmack mit einer leicht bitteren Note. Achten Sie beim Einkauf darauf, dass die Blätter fest anliegen, keine Verletzungen oder Druckstellen aufweisen und hell sind. Je grüner die Blätter sind, desto bitterer schmecken sie. In einem lose verschlossenen Plastikbeutel ist Chicorée maximal zwei Tage im Gemüsefach des Kühlschranks haltbar. Die Sprossen erst unmittelbar vor der Zubereitung waschen und putzen.

Wollen Sie den Chicorée roh für einen Salat verwenden, den bitteren Strunk herausschneiden, die Blätter ablösen, ganz kurz waschen und sorgfältig trocken schütteln. Zum Kochen ebenfalls den Strunk herausschneiden und die Sprossen dann halbieren (wenn sie geschmort werden sollen) oder in Stücke schneiden (wenn Sie sie sautieren wollen). In Salaten kombiniert man Chicorée am besten mit Orangen, Walnüssen und Haselnüssen, Blauschimmelkäse, Äpfeln, Birnen, Sahnedressings, einer milden Vinaigrette, Meeresfrüchten und Avocados. Gekochter Chicorée schmeckt vorzüglich mit Sahne, Butter, Schnittlauch, Petersilie, Käse (vor allem Blauschimmelkäse und Gruyère) und Zitrusfrüchten.

Dill

Der Name leitet sich vermutlich vom nordischen Wort *dilla* (in den Schlaf wiegen, beruhigen) her. Tatsächlich diente er lange Zeit als Heilmittel gegen Schlaflosigkeit bis hin zu Koliken. Dill gehört wie die Petersilie zur Familie der Doldenblütler. Geradezu unverzichtbar sind Dillblätter und -samen in Pickles und eingelegten Gewürzgurken.

Frischer Dill wird bundweise verkauft. Achten Sie beim Einkauf darauf, dass die Blätter nicht welk und schön grün sind. Zum Aufbewahren den Dill in feuchtes Küchenpapier einschlagen und in einem lose verschlossenen Plastikbeutel ins Gemüsefach des Kühlschranks legen. So bleibt er drei bis vier Tage frisch. Dill eignet sich hervorragend zum Verfeinern von Fisch und Meeresfrüchten, Omeletts, Salaten und Kartoffelgerichten und passt gut zu Sauerrahm, Joghurt, Mayonnaise, Ei, Roter Bete, Kohl, pochiertem Hähnchenfleisch und Gurke.

Kopfsalat

Der wohl bekannteste unter den Kopfsalaten ist der **Eisbergsalat**. Die Köpfe sind in der Regel rund und die saftigen Blätter liegen dicht am Kopf an. Die Köpfe der zartblättrigen Salate, zu denen vor allem der **Kopfsalat** zählt, sind lockerer, und die roten oder grünen Blätter sind weicher. Locker sind auch die schmalen, länglichen Köpfe des **Romanasalats**. Die Blätter, die sich nach oben etwas verjüngen, sind ausgesprochen knackig und haben einen süßlichen, nussigen Geschmack. Der **Lollo rosso** und der **Eichblattsalat** sind ebenfalls Salate mit lockeren Köpfen.

Kaufen Sie nur Kopfsalate, die frisch aussehen, und lagern Sie sie in einen perforierten Plastikbeutel verpackt, maximal zwei Tage im Gemüsefach des Kühlschranks. Kopfsalat immer erst unmittelbar vor der Zubereitung waschen und putzen. Kopfsalat wird im Allgemeinen roh gegessen, in Frankreich und Griechenland findet man ihn auch in Schmorgerichten.

KORIANDER

Neben den frischen Blättern und Blattstielen werden die Koriandersamen als Gewürz verwendet. Die Blätter haben einen aromatischen Geschmack, dürfen den Speisen aber erst am Ende der Kochzeit beigegeben werden, da der Geschmack beim Erhitzen zerstört wird.

Die Blätter sollten unversehrt sein und eine schöne leuchtend grüne Farbe haben. Und kaufen Sie Koriander nur mit Wurzeln. Koriander sollte maximal ein bis zwei Tage in einem luftdicht verschlossenen Behälter oder einem fest verschlossenen Plastikbeutel im Kühlschrank aufbewahrt werden.

Besonders gut harmoniert Koriander mit den pikanten, aromatischen, säuerlichen Speisen der mexikanischen, asiatischen und nordafrikanischen Küche.

LORBEER

Die aromatischen Lorbeerblätter, die wir in der Küche verwenden, stammen in der Regel vom Echten Lorbeer (*Laurus nobilis*). Mit ihrem leicht pfeffrigen Geschmack dürfen Lorbeerblätter in keinem Bouquet garni fehlen. Verwenden Sie nach Möglichkeit frische Lorbeerblätter (oder trocknen Sie sie selbst), denn diese haben einen intensiveren Geschmack.

Um Lorbeerblätter selbst zu trocknen, einfach die Blätter von den Stielen streifen, zu kleinen Sträußchen zusammenbinden und zwei bis drei Tage an einem kühlen, lichtgeschützten Platz aufhängen, bis sie vollständig getrocknet sind. Die so getrockneten Blätter in einem luftdicht verschlossenen Behälter aufbewahren und innerhalb weniger Monate verbrauchen oder in kleinen Gefrierdosen oder Gefrierbeuteln maximal sechs Monate einfrieren.

Lorbeerblätter werden stets im Ganzen verwendet. Vor dem Servieren entfernt man sie in der Regel wieder aus den Speisen. Wenn man die Blätter leicht zerdrückt, entfalten sie ihr Aroma besser. Ein einziges Lorbeerblatt reicht aus, um einen ganzen Topf Suppe oder Eintopf zu aromatisieren.

Lorbeerblätter eignen sich besonders gut, um den Geschmack von herzhaften Lebensmitteln wie Zwiebeln, Speck, Fleisch, Rotwein, Tomaten, Pilzen, Wurzelgemüse und Hülsenfrüchten zu unterstreichen.

MAJORAN UND OREGANO

Der Oregano wird häufig auch als »wilder Majoran« bezeichnet und den Majoran zählt man heute botanisch zu den rund 50 Oregano-Varietäten. Beide gelten als typisch mediterrane Kräuter. Die Blätter des Majorans sind kleiner, süßer und weicher. Beide Kräuter bleiben, in feuchtes Küchenpapier eingeschlagen und in einen lose verschlossenen Plastikbeutel verpackt, im Kühlschrank etwa eine Woche frisch.

Oregano passt hervorragend zu allen Gerichten auf Tomatenbasis, zu Fisch, Eierspeisen und gegrilltem Fleisch (besonders gut eignet er sich auch für Marinaden), Hülsenfrüchten, Suppen, Eintöpfen und Sommergemüse – und natürlich zu Lamm, Zitronen und Knoblauch.

Majoran verleiht Salatsaucen und Fleischmarinaden, Hülsenfrüchten, Eierspeisen und Geflügel (vor allem Gans) eine besondere Note.

MINZE

Die bekanntesten unter den vielen Hundert Arten sind die **Grüne Minze** und die **Pfefferminze**. Die Grüne Minze hat lange, schmale, spitz zulaufende Blätter, während die Blätter der Pfefferminze runder und gedrungener sind und einen intensiveren Minzegeschmack haben.

Die zarten Blätter der Minze welken rasch. Achten Sie beim Einkauf darauf, dass die Minze frisch ist, denn das Aroma und der Geschmack verfliegen schnell. Die Blätter sollten fest und leuchtend grün sein. In einem gut verschlossenen Plastikbeutel oder -behälter im Gemüsefach des Kühlschranks aufbewahrt, bleibt Minze drei bis vier Tage frisch.

Minze passt hervorragend zu Salaten und Gemüse, Joghurt, Sauerrahm, Essig, Kapern, Oliven, getrockneten Tomaten, Feta und Ricotta, Zitronen, Orangen, Basilikum sowie zu Ananas und Erdbeeren.

PETERSILIE

Die Petersilie ist wohl das weltweit am meisten verwendete Küchenkraut. Der Name der ursprünglich im Mittelmeerraum beheimateten Pflanze bedeutet so viel wie »Steinsellerie« und mit dem Sellerie ist sie auch verwandt. Zwar enthalten alle Kräuter Mineralstoffe, doch nur wenige sind so reich an Vitaminen und Mineralstoffen wie die Petersilie.

In der Küche finden vor allem zwei Arten Verwendung. Die saftigen, stark gekräuselten Blätter der **krausen Petersilie** sind in Büscheln angeordnet und haben einen sehr intensiven Geschmack. Mit zunehmendem Alter werden sie relativ hart. Krause Petersilie sollte stets gründlich gewaschen werden, um den Schmutz aus den Blättern zu entfernen. Die **glatte Petersilie** hat relativ große, glatte Blätter.

Krause Petersilie sollte feste, kompakte Blätter haben; glatte Petersilie sollte eine leuchtend grüne Farbe haben und die Blätter sollten unversehrt und eher klein sein. Zum Aufbewahren die Stiele mit feuchten Küchentüchern umwickeln und die Petersilie in einem lose verschlossenen Plastikbeutel ins Gemüsefach legen. So bleibt sie vier bis fünf Tage frisch.

Petersilie enthält sehr viel Chlorophyll, einen grünen Farbstoff, der »ausbluten« und dadurch das Aussehen von Speisen mit heller Farbe, wie zum

Beispiel Béchamelsauce, beeinträchtigen kann. Deshalb sollte man sie solchen Gerichten erst unmittelbar vor dem Servieren beigeben.

Petersilie passt besonders gut zu Fleisch, Fisch und Meeresfrüchten, Gemüse, Käse, Ei und Getreide.

RADICCHIO

Radicchio ist zunächst grün; die Rotfärbung rührt daher, dass man ihn während des Wachstums nicht dem Tageslicht aussetzt. Für den bitteren Geschmack ist ein Bitterstoff, das Lactucopikrin, verantwortlich, der verdauungsfördernde Eigenschaften hat.

Zu den gängigsten Radicchiosorten zählen der runde **Radicchio rosso di Chioggia**, der besonders begehrte längliche **Radicchio di Treviso**, der einen lockereren Kopf hat, und der **Radicchio di Verona**, der einen eher ovalen Kopf und rotbraune Blätter hat. Sie alle sind nach norditalienischen Städten benannt.

Die Blätter sollten knackig und die Stielenden hell und glatt sein. In einem perforierten Plastikbeutel kann Radicchio zwei bis drei Tage im Gemüsefach des Kühlschranks aufbewahrt werden.

Vor der Zubereitung äußere Blätter entfernen. Für einen Salat löst man die Blätter ab, wäscht und zerzupft sie (nicht schneiden!). Will man den Radicchio grillen oder schmoren, den Kopf halbieren oder vierteln.

ROSMARIN

Beim Kochen mit Rosmarin sollte man vor allem darauf achten, dass sein Aroma die anderen Zutaten mit seinem intensiven Geschmack nicht überdeckt.

Achten Sie beim Einkauf darauf, dass seine Nadeln eine leuchtende Farbe haben und einen harzigen Geruch verströmen, wenn man sie zwischen den Fingern reibt. Luftdicht in einem Plastikbeutel oder einem Behälter verschlossen, bleibt Rosmarin im Kühlschrank bis zu einer Woche frisch.

Rosmarin regt die Verdauung an und eignet sich hervorragend für Fleischmarinaden. Sehr gut schmeckt er in Suppen und Schmorgerichten, mit mediterranem Gemüse, Hülsenfrüchten, Tomaten, Lamm, Kartoffeln und Pilzen.

RUCOLA

Rucola – oder Rauke – hat einen intensiven, pfeffrigen Geschmack und ist reich an Vitamin C und A sowie an Calcium und Eisen. Der klassische Rucola hat große Blätter, die man im Ganzen verwendet oder klein zupft. Die eher harten Stiele sollte man entfernen. Der »wilde« **Rucola** hat kleine Blätter mit intensivem Geschmack, die man im Ganzen verwendet.

Rucola ist nicht lange haltbar. Die Blätter sollten eine leuchtende Farbe haben und halten sich im Kühlschrank nicht länger als zwei Tage.

Rucolasalate schmecken am besten mit Balsamico-Essig und Olivenöl. Rucola kann aber auch für warme Gerichte wie Pasta, Risottos, Tarte- und Piefüllungen und für rohe Saucen, zum Beispiel Pesto, verwendet werden.

SALBEI

Es gibt mehr als 500 Arten dieser immergrünen Pflanze mit den graugrünen Blättern, der Griechen und Römer in der Antike viele Heilkräfte zusprachen. So heißt ihr lateinischer Name (*salvia*) auch nichts anderes als »heilen«.

Für Salate verwendet man den Salbei wegen seines intensiven Geschmacks nur selten. Eine Köstlichkeit sind frittierte Salbeiblätter, die man in der Toskana gerne als Antipasto serviert. Salbei wird bundweise verkauft und bleibt in einem luftdicht verschlossenen Behälter im Kühlschrank bis zu fünf Tage frisch.

Man verwendet Salbei für Fleischmarinaden und -füllungen (z. B. für Geflügel), Schweinswürste und Pasteten. Außerdem passt er zu winterlichen Gerichten und zu Käse (Blauschimmelkäse, Parmesan, Cheddar), Zwiebeln, Kartoffeln, Zitronen und Butter.

SCHNITTLAUCH

Schnittlauch ist außerordentlich empfindlich und hält sich nicht lange, wenn man ihn erst einmal abgeschnitten hat. Man bewahrt ihn am besten im Kühlschrank auf, nachdem man die Wurzelenden vorher mit feuchtem Küchenpapier umwickelt und ihn dann in einen Gefrierbeutel verpackt hat. So ist er etwa drei Tage haltbar.

Schnittlauch passt sehr gut zu Eiern und Salaten, Fisch (insbesondere Räucherlachs), Sahnesaucen für Hähnchen oder zu Gemüse und Gebäck wie Scones, Muffins und Käsegebäck und eignet sich hervorragend zum Verfeinern von Kartoffelgerichten und Kartoffelpüree.

THYMIAN

Die gängigsten der mehr als 300 Thymianarten sind der **Englische Thymian**, der gewöhnlich als Thymian verkauft wird, und der **Zitronenthymian** mit seinem charakteristischen Zitronenaroma.

Achten Sie beim Einkauf darauf, dass die Blätter nicht welk und schön grün sind. Die Stiele mit feuchtem Küchenpapier umwickelt und in einem lose verschlossenen Plastikbeutel ins Gemüsefach des Kühlschranks gelegt, bleibt er so bis zu einer Woche frisch.

Englischer Thymian eignet sich besonders gut für Gerichte mit rotem Fleisch und passt gut zu Tomaten und Ei. Zitronenthymian harmoniert besonders gut mit Fisch und Geflügel.

Rucola-Tartelettes
ERGIBT 4 STÜCK

Fett für die Förmchen
2 Platten tiefgekühlter Blätterteig,
   aufgetaut
1 EL Olivenöl
½ kleine Zwiebel, fein gewürfelt
1 große Handvoll junge Rucolablätter,
   geputzt
3 Eier, verquirlt
125 g Ricotta
1 Msp. geriebene Muskatnuss
Meersalz und frisch gemahlener schwarzer
   Pfeffer

Den Backofen auf 160 °C vorheizen.

Vier Tarteletteförmchen (à 10 cm Ø) einfetten. Aus dem Blätterteig vier Kreise (à etwa 15 cm Ø) ausstechen und die Förmchen damit auskleiden. Die Böden mehrfach mit einer Gabel einstechen, mit Backpapier abdecken, mit getrockneten Hülsenfrüchten oder rohem Reis beschweren und 15 Minuten blindbacken. Hülsenfrüchte oder Reis und das Backpapier danach entfernen und die Teigböden in weiteren 5 Minuten goldbraun backen. Aus dem Ofen nehmen und beiseitestellen.

Das Olivenöl in einer Pfanne erhitzen und die Zwiebel darin in 5 Minuten bei mittlerer Hitze weich dünsten. Rucola hinzufügen und die Pfanne vom Herd nehmen.

In einer kleinen Schüssel die Eier kurz mit Ricotta und Muskat verrühren (die Masse nicht vollkommen glatt rühren), mit Meersalz und Pfeffer abschmecken und die Rucolamischung unterheben.

Die Füllung auf die Teigböden verteilen, die Tartelettes 25 Minuten backen, bis die Füllung gestockt ist, und warm oder zimmerwarm servieren.

Gebackener Kräuterricotta
FÜR 6–8 PERSONEN

1 kg fester Ricotta (siehe Anmerkung)
2 EL Thymianblätter
2 EL fein gehackte Rosmarinnadeln
2 EL fein gehackter Oregano
3 EL fein gehackte Petersilie
3 EL Schnittlauchröllchen
2 Knoblauchzehen, zerdrückt
2 TL frisch gemahlener schwarzer Pfeffer
125 ml Olivenöl
knuspriges Brot

Ricotta mit Küchenpapier trocken tupfen und in eine Auflaufform füllen.

In einer Schüssel die Kräuter mit Knoblauch, Pfeffer und Olivenöl verrühren. Die Hälfte der Kräutermischung in einer großen Kastenform verteilen, Ricotta darauf verteilen und die restliche Kräutermischung daraufgeben. Vorsichtig mit einem Löffelrücken andrücken, abdecken und über Nacht in den Kühlschrank stellen.

Den Backofen auf 160 °C vorheizen, Ricotta in 30 Minuten goldbraun backen und mit knusprigem Brot servieren.

ANMERKUNG: Festen Ricotta kann man nicht fertig kaufen, stattdessen lässt man den Frischkäse über Nacht in einem Sieb über einer großen Schüssel abtropfen.

Spaghetti mit Rucola und Chili
FÜR 4–6 PERSONEN

500 g Spaghetti oder Spaghettini
Meersalz
2 EL Olivenöl
2 TL fein gehackte rote Chilischote,
   die Samen entfernt
450 g Rucola, geputzt
1 EL frisch gepresster Zitronensaft
frisch gemahlener schwarzer Pfeffer
Parmesan, in Späne gehobelt

Die Nudeln in reichlich kochendem Salzwasser bissfest garen, abgießen und wieder in den Topf geben.

Inzwischen das Olivenöl in einer großen Pfanne erhitzen und die Chilischote darin 1 Minute bei geringer Hitze anschwitzen. Rucola hinzufügen, 2–3 Minuten unter Rühren weich dünsten und mit Zitronensaft, Meersalz und Pfeffer abschmecken.

Die Nudeln mit Rucola mischen, mit Parmesan bestreuen und servieren.

Linguine mit Pesto
FÜR 4–6 PERSONEN

2 große Handvoll Basilikumblätter
2 Knoblauchzehen, zerdrückt
3 EL Pinienkerne, geröstet
175 ml Olivenöl
50 g Parmesan, gerieben, und geriebener oder gehobelter Parmesan zum
   Bestreuen
Meersalz und frisch gemahlener schwarzer
   Pfeffer
500 g Linguine (breite Bandnudeln aus
   Hartweizengrieß)

Das Basilikum mit dem Knoblauch und den Pinienkernen in der Küchenmaschine grob hacken. Das Öl in einem feinen Strahl einlaufen lassen, bis eine glatte Paste entstanden ist. Das Pesto in eine Schüssel füllen, den geriebenen Parmesan untermischen und mit Meersalz und Pfeffer abschmecken.

Die Nudeln in reichlich kochendem Salzwasser bissfest garen, abgießen und wieder in den Topf geben.

Mit dem Pesto mischen, mit Parmesan bestreuen und servieren.

TIPP: Pestoreste in einem Schraubglas mit einer Schicht Olivenöl bedeckt im Kühlschrank aufbewahren. Das Pesto ist so bis zu einer Woche haltbar.

GEBRATENER SEETEUFEL MIT ROSMARIN UND KNOBLAUCH
FÜR 4 PERSONEN

4 Seeteufelfilets à 250 g oder ein anderes festes Weißfischfilet
3 große Knoblauchzehen, in dünne Scheiben geschnitten
24 kleine Rosmarinzweige
Meersalz und frisch gemahlener schwarzer Pfeffer
6 Scheiben Speck, halbiert
4 EL Olivenöl
unbehandelte Zitronenschnitze

Den Backofen auf 180 °C vorheizen.

Die Fischfilets mit einem kleinen, scharfen Messer jeweils sechsmal einritzen und je 1 Knoblauchscheibe und 1 Rosmarinzweig in die Schlitze stecken. Die Filets mit Meersalz und Pfeffer würzen und mit dem Speck umwickeln.

Die Filets in einen Bräter legen, mit dem Olivenöl beträufeln, 15 Minuten im Backofen garen und mit Zitronenschnitzen servieren.

SALMORIGLIO – MEDITERRANES WÜRZÖL
ERGIBT ETWA 150 MILLILITER

2 EL getrockneter Majoran
125 ml natives Olivenöl extra
1 EL frisch gepresster Zitronensaft
Meersalz und frisch gemahlener schwarzer Pfeffer

Den Majoran im Mörser zerstoßen und anschließend in eine Schüssel geben. Nach und nach das Olivenöl und den Zitronensaft hinzufügen und mit Meersalz und Pfeffer abschmecken.

Der Salmoriglio kann zugedeckt einige Tage im Kühlschrank aufbewahrt werden. Die Sauce rechtzeitig vor dem Servieren aus dem Kühlschrank nehmen, damit sie sich auf Zimmertemperatur erwärmen kann.

ANMERKUNG: In Italien serviert man dieses einfache Dressing gerne zu gegrilltem Fisch und zu Meeresfrüchten. Der Majoran kann auch durch Thymian oder Oregano ersetzt werden.

SCHWEINEFILET MIT SALBEI UND KAPERN
FÜR 4 PERSONEN

30 g Butter

3 EL Olivenöl

1 Zwiebel, fein gehackt

100 g frische Semmelbrösel
(siehe Tipp Seite 73)

2 TL fein gehackter Salbei und 8 Salbeiblätter zum Garnieren (nach Belieben)

1 EL fein gehackte glatte Petersilie

abgeriebene Schale von 1 unbehandelten
Zitrone

2 ½ TL kleine Kapern in Salzlake,
abgespült und abgetropft

1 Ei, verquirlt

Meersalz und frisch gemahlener schwarzer
Pfeffer

2 große Schweinefilets à etwa 500 g

8 große, dünne Scheiben Speck oder
roher Schinken

2 TL Mehl

100 ml trockener Wermut

300 ml Hühner- oder Gemüsebrühe

Den Backofen auf 150 °C vorheizen.

Die Butter mit 1 EL Olivenöl in einer Pfanne erhitzen und die Zwiebel darin in 5 Minuten bei mittlerer Hitze goldbraun anbraten. Anschließend in einer Schüssel gründlich mit Semmelbröseln, Salbei, Petersilie, Zitronenschale, ½ TL Kapern und dem Ei vermengen und mit Meersalz und Pfeffer abschmecken.

Die Schweinefilets der Länge nach einschneiden (aber nicht auseinanderschneiden), aufklappen, mit der Füllung bestreichen und wieder zusammenklappen.

Speck- oder Schinkenscheiben mit der schmalen Seite nach vorn so auf der Arbeitsfläche ausbreiten, dass sich die Scheiben überlappen. Die Schweinefilets quer auf die untere Hälfte der Speck- oder Schinkenscheiben legen und beides zusammen einrollen, sodass das Fleisch vollständig umhüllt ist. Die Rolle mit Küchengarn umwickeln, damit Speck oder Schinken nicht abfällt.

Das Fleisch in eine ofenfeste Form legen, mit 1 EL Olivenöl beträufeln und 1 Stunde braten. Um die Garprobe zu machen, das Fleisch an der dicksten Stelle mit einem Spieß einstechen. Das Fleisch ist gar, wenn an der Einstichstelle ein klarer Saft herausläuft. Das Fleisch aus der Form nehmen, mit Alufolie abdecken und ruhen lassen.

Die Form auf die Herdplatte stellen und das Mehl bei mittlerer Hitze einrühren, den Wermut angießen und 1 Minute kochen lassen. Die Brühe angießen, gut umrühren, um eventuelle Klümpchen aufzulösen, und 5 Minuten köcheln lassen. Zum Schluss die restlichen Kapern hinzufügen.

Das restliche Öl in einer kleinen Kasserolle erhitzen. Die 8 übrigen Salbeiblätter im sehr heißen Fett frittieren und auf Küchenpapier abtropfen lassen.

Das Fleisch in 1 cm breite Streifen schneiden, mit etwas Sauce begießen und mit den frittierten Salbeiblättern garnieren.

GEGRILLTE SARDINEN MIT BASILIKUM UND ZITRONE

FÜR 4 PERSONEN

1 unbehandelte Zitrone

12 Sardinen, ausgenommen und geschuppt

grobes Meersalz und frisch gemahlener schwarzer Pfeffer

4 EL Olivenöl

3 EL klein gezupfte Basilikumblätter oder ganze kleine Basilikumblätter

Den Backofengrill auf höchster Stufe vorheizen.

Die Zitrone in dünne Scheiben schneiden und die Scheiben halbieren. Die Sardinen mit den Zitronenscheiben füllen und auf beiden Seiten mit Meersalz und Pfeffer würzen.

Die Sardinen auf ein Backblech legen, mit 2 EL Olivenöl beträufeln und auf jeder Seite 3 Minuten grillen, bis sie durchgegart sind und das Fleisch nicht mehr durchsichtig ist. Die Sardinen dann in einer flachen Servierschale anrichten.

Mit dem Basilikum bestreuen, mit dem restlichen Olivenöl beträufeln und warm oder zimmerwarm servieren.

VARIANTE: Ersetzen Sie die Sardinen durch kleine Heringe oder Makrelen.

SCHWEINEFLEISCH MIT KORIANDER UND ANANAS

FÜR 4 PERSONEN

400 g Schweinelende oder -filet
¼ Ananas
1 EL Pflanzenöl
4 Knoblauchzehen, gehackt
4 Frühlingszwiebeln, gehackt
1 EL Fischsauce
1 EL frisch gepresster Limettensaft
1 große Handvoll Koriandergrün
1 große Handvoll Minzeblätter, fein
  gehackt
gedämpfter Reis zum Servieren

Das Fleisch kurz in die Gefriertruhe legen, damit es fest wird, und anschließend in dünne Scheiben schneiden. Die Ananas schälen, die »Augen« herausschneiden und in mundgerechte Stücke schneiden.

Das Öl im Wok oder in einer Pfanne erhitzen, den Knoblauch mit der Frühlingszwiebel darin 1 Minute bei mittlerer bis starker Hitze anbraten und danach wieder aus dem Wok nehmen.

Das Schweinefleisch im sehr heißen Wok portionsweise 2–3 Minuten unter Rühren braten, bis es gerade gar ist.

Knoblauch, Frühlingszwiebel, Ananas, Fischsauce und Limettensaft in den Wok geben. Die Zutaten verrühren und das Ganze 1 Minute kochen lassen, bis die Ananas heiß ist.

Den Koriander und die Minze untermischen und sofort mit gedämpftem Reis servieren.

CHAMPIGNON-QUICHE MIT PETERSILIENFÜLLUNG
FÜR 4–6 PERSONEN

150 g Mehl und Mehl für die Arbeitsfläche
1 Prise Meersalz
3 EL sehr fein gehackte Petersilie
90 g kalte Butter in kleinen Stücken
1 Eigelb, mit 2 EL Eiswasser verquirlt

FÜR DIE FÜLLUNG
30 g Butter
1 rote Zwiebel, fein gehackt
175 g kleine Champignons, in Scheiben geschnitten
1 TL frisch gepresster Zitronensaft
4 EL fein gehackte Petersilie
3 EL Schnittlauchröllchen
2 Eier, verquirlt
175 g Sahne
Meersalz und frisch gemahlener schwarzer Pfeffer

Das Mehl mit dem Meersalz in eine große Schüssel sieben und mit der Petersilie vermengen. Mit den Fingerspitzen die Butter mit dem Mehl zu einem krümeligen Teig verkneten und in die Mitte eine Mulde drücken. Das Eigelb hineingießen und die Zutaten mit einem Messer mit breiter Klinge zu einem Teig verarbeiten (gegebenenfalls noch etwas Eiswasser hinzufügen). Den Teig auf der leicht bemehlten Arbeitsfläche zu einer Kugel formen, in Frischhaltefolie einschlagen und 30 Minuten im Kühlschrank ruhen lassen.

Den gekühlten Teig auf einem Stück Backpapier zu einem Rechteck (etwa 35 × 10 cm) ausrollen, Boden und Wände einer rechteckigen Tarteform damit auskleiden und den Teig noch einmal 20 Minuten in den Kühlschrank stellen.

Inzwischen den Backofen auf 170 °C vorheizen.

Den Teigboden mit Backpapier abdecken, mit getrockneten Hülsenfrüchten oder rohem Reis beschweren und 15 Minuten blindbacken. Anschließend Hülsenfrüchte oder Reis und das Backpapier entfernen und den Teig weitere 10 Minuten backen, bis er trocken ist. Die Ofentemperatur auf 160 °C herunterschalten.

Für die Füllung die Butter in einer Pfanne zerlassen und die Zwiebel darin in 5 Minuten bei mittlerer Hitze weich dünsten. Die Pilze dazugeben und 2–3 Minuten braten, bis sie weich sind. Zum Schluss den Zitronensaft und die Kräuter hinzufügen.

Die Eier mit der Sahne verrühren und mit Meersalz und frisch gemahlenem schwarzem Pfeffer abschmecken.

Die Pilze auf dem Teig verteilen, die Eiersahne darübergießen und die Quiche 25–30 Minuten backen, bis die Eier gestockt sind. Warm oder zimmerwarm servieren.

SCHWERTFISCHRÖLLCHEN

FÜR 4 PERSONEN

1 kg Schwertfisch, in sehr dünne Scheiben
  geschnitten (siehe Tipp)
3 unbehandelte Zitronen
4 EL Olivenöl und Öl zum Einfetten
1 kleine Zwiebel, gehackt
3 Knoblauchzehen, gehackt
2 EL Kapern, abgespült, abgetropft und
  gehackt
2 EL fein gehackte Kalamata-Oliven oder
  andere schwarze Oliven
4 EL geriebener Parmesan
125 g frische Semmelbrösel (siehe Tipp
  Seite 73)
2 EL fein gehackte glatte Petersilie
Meersalz und frisch gemahlener schwarzer
  Pfeffer
1 Ei, verquirlt
2 kleine weiße Zwiebeln, geviertelt und
  die einzelnen Schichten abgelöst
24 Lorbeerblätter
unbehandelte Zitronenschnitze
  (nach Belieben)

Acht Holzspieße 20 Minuten in kaltem Wasser einweichen, damit sie beim Grillen nicht verbrennen.

Die Fischscheiben gegebenenfalls enthäuten. Die Scheiben halbieren und besonders dunkles Fleisch abschneiden. Die halbierten Scheiben jeweils zwischen zwei Stück Frischhaltefolie legen und vorsichtig mit dem Nudelholz flach rollen. Die Scheiben anschließend jeweils in zwei Streifen (à etwa 4 × 10 cm) schneiden.

Die Zitronen mit dem Sparschäler dünn abschälen und die Schale in 32 gleich große Stücke schneiden. Die Früchte anschließend auspressen (Sie benötigen 3 EL Saft). Den Zitronensaft kräftig mit 2 EL Olivenöl verrühren und beiseitestellen.

Das restliche Olivenöl in einer Pfanne erhitzen und Zwiebel und Knoblauch darin in 2–3 Minuten bei mittlerer Hitze etwas weich dünsten. Anschließend in einer Schüssel mit Kapern, Oliven, Parmesan, Semmelbröseln und Petersilie vermengen. Mit Meersalz und Pfeffer abschmecken, das Ei hinzufügen und noch einmal gut verrühren.

Die Füllung auf den Fischstreifen verteilen. Die Hände mit etwas Öl einfetten und die Streifen einrollen. Jeweils vier Röllchen abwechselnd mit weißer Zwiebel, Lorbeer und Zitronenschale auf die Spieße stecken.

Eine Grillplatte oder eine Grillpfanne bei mittlerer bis starker Hitze heiß werden lassen. Das Zitronenöl noch einmal durchrühren. Die Spieße auf jeder Seite 3–4 Minuten grillen und dabei ständig mit dem Zitronenöl bestreichen.

Die Spieße heiß mit Zitronenschnitzen servieren.

TIPP: Lassen Sie den Schwertfisch am besten von Ihrem Fischhändler schneiden. Die Scheiben sollten nur 7–8 mm dick sein.

GRÜNER SALAT MIT ZITRONENVINAIGRETTE
FÜR 6 PERSONEN

1 Romanasalat
1 kleiner Kopfsalat
50 g Brunnenkresse
100 g Rucola

FÜR DIE ZITRONENVINAIGRETTE
1 EL fein gehackte Schalotte
2 TL Dijonsenf
½ TL Zucker
1 EL fein gehacktes Basilikum
abgeriebene Schale von ½ unbehandelten
    Zitrone
3 TL frisch gepresster Zitronensaft
1 EL Weißweinessig
1 TL Zitronenöl (siehe Tipp)
4 EL natives Olivenöl extra
Meersalz und frisch gemahlener schwarzer
    Pfeffer

Den Romanasalat und den Kopfsalat zerteilen und die äußeren Blätter wegwerfen. Die Salatblätter, die Kresse und den Rucola waschen, abtropfen lassen, trocken schleudern und in den Kühlschrank legen.

Für die Vinaigrette die Schalotte mit Senf, Zucker, Basilikum, Zitronenschale, Zitronensaft und Essig in eine Schüssel geben und die Zutaten sorgfältig verrühren. Das Zitronen- und das Olivenöl in einem kleinen Krug verrühren und in einem feinen Strahl unterrühren, bis das Dressing glatt und cremig ist. Anschließend mit Meersalz und Pfeffer abschmecken.

Die Salate in eine große Schüssel geben, mit der Vinaigrette beträufeln und vorsichtig durchmischen.

TIPP: Zitronenöl ist in Feinkostgeschäften und gut sortierten Supermärkten erhältlich. Sie können es aber auch selbst herstellen, indem Sie ein Stück Schale einer unbehandelten Zitrone in etwas nativem Olivenöl extra ziehen lassen. Das Aroma wird umso intensiver, je länger die Zitronenschale im Öl verbleibt. Man kann das Zitronenöl aber auch weglassen und stattdessen 1 weiteren TL abgeriebene, unbehandelte Zitronenschale hinzufügen.

KRAUTSALAT MIT DILL
FÜR 6–8 PERSONEN

4 EL Sauerrahm
2 EL frisch geriebener Meerrettich
    (siehe Tipp)
1 EL frisch gepresster Zitronensaft
1 EL Dijonsenf
2 EL fein gehackter Dill
300 g Rotkohl, in feine Streifen
    geschnitten
2 Möhren, geraspelt
Meersalz und frisch gemahlener schwarzer
    Pfeffer

In einer großen Schüssel den Sauerrahm mit Meerrettich, Zitronensaft, Senf und Dill verrühren. Den Kohl und die Möhren dazugeben, gut durchmischen und mit Meersalz und Pfeffer abschmecken.

Den Salat abdecken und bis zum Servieren in den Kühlschrank stellen.

TIPP: Wenn Sie keinen frischen Meerrettich bekommen, können Sie ersatzweise auch Meerrettich aus dem Glas oder Meerrettichcreme (siehe Rezept Seite 101) nehmen.

CAESAR-SALAT
FÜR 4–6 PERSONEN

FÜR DAS DRESSING

3 Eier

3 Knoblauchzehen, zerdrückt

2–3 Sardellen, abgetropft

1 TL Worcestersauce

2 EL frisch gepresster Zitronensaft

1 TL Dijonsenf

175 ml natives Olivenöl extra

Meersalz und frisch gemahlener schwarzer
  Pfeffer

3 Scheiben Weißbrot

20 g Butter

1 EL Olivenöl

3 Scheiben Speck

1 großer Romanasalat oder 4 Salatherzen

75 g Parmesan, in Späne gehobelt

Für das Dressing die Eier mit Knoblauch, Sardellen, Worcestersauce, Zitronensaft und Senf im Mixer glatt rühren. Das native Olivenöl in einem feinen Strahl einlaufen lassen und so lange weiterrühren, bis die Sauce glatt und cremig ist. Mit Meersalz und Pfeffer abschmecken und ein Stück Frischhaltefolie direkt auf das Dressing legen, damit sich keine Haut bildet.

Das Brot entrinden und in 1,5 cm große Würfel schneiden. Die Butter mit dem Olivenöl in einer Pfanne erhitzen und die Brotwürfel darin in 5–8 Minuten bei mittlerer Hitze unter Rühren goldbraun rösten. Die Croûtons mit einem Schaumlöffel aus der Pfanne heben und auf Küchenpapier abtropfen lassen.

Den Speck in die Pfanne geben und in 3 Minuten goldbraun und knusprig braten. Die Scheiben dabei einmal wenden und anschließend in mundgerechte Stücke brechen.

Den Salat zerteilen und die äußeren Blätter wegwerfen. Die Blätter waschen, gut abtropfen lassen, trocken schleudern und in einer Schüssel mit dem Dressing anmachen.

Die Croûtons und den Speck unterheben, mit dem Parmesan bestreuen und servieren.

GEDÜNSTETER CHICORÉE MIT OLIVEN, SARDELLEN UND KAPERNÄPFELN

FÜR 4 PERSONEN ALS VORSPEISE ODER BEILAGE

40 g entsteinte Kalamata-Oliven oder
  andere schwarze Oliven, gehackt
2 Sardellen, abgetropft und gehackt
6 kleine Kapernäpfel
1 EL Olivenöl
2 weiße oder rote Chicoréesprossen
20 g Butter
1 Knoblauchzehe, zerdrückt
1 Msp. Chiliflocken (nach Belieben)

Die Oliven und die Sardellen in eine kleine Schüssel geben. 2 Kapernäpfel hacken, mit der Hälfte des Olivenöls zu den Oliven geben und die Zutaten gut verrühren.

Die äußeren Blätter der Chicoréesprossen entfernen und die Sprossen der Länge nach halbieren. Die Blätter vorsichtig auseinanderziehen und die Olivenmischung zwischen die Blätter träufeln. Die Hälften wieder zusammensetzen und mit Küchengarn zusammenbinden.

Das restliche Öl mit der Butter bei geringer Hitze in einer Kasserolle erhitzen. Den Chicorée mit Knoblauch und Chiliflocken hineingeben, den Deckel auflegen und den Chicorée 8–10 Minuten garen. Die Sprossen dabei einmal wenden und gegebenenfalls etwas heißes Wasser angießen, damit sie nicht festkleben.

Vor dem Servieren das Küchengarn entfernen. Den Chicorée mit der Schnittfläche nach oben auf vier Tellern anrichten und mit der Garflüssigkeit beträufeln. Die restlichen Kapernäpfel der Länge nach halbieren, den Chicorée damit bestreuen und heiß servieren.

GEGRILLTER RADICCHIO
FÜR 4 PERSONEN ALS BEILAGE

2 Radicchioköpfe
3 EL Olivenöl
Meersalz und frisch gemahlener schwarzer
    Pfeffer
1 TL Balsamico-Essig

Den Radicchio putzen und die äußeren Blätter entfernen. Die Köpfe der Länge nach vierteln und gründlich unter fließendem Wasser waschen. Gut abtropfen lassen und mit Küchenpapier trocken tupfen.

Eine Grillpfanne oder Grillplatte auf höchster Stufe vorheizen. Den Radicchio mit etwas Olivenöl beträufeln, mit Meersalz und Pfeffer würzen und 2–3 Minuten grillen, bis die äußeren Blätter weich und dunkel werden. Den Radicchio wenden und auf der anderen Seite grillen. Auf einer Platte anrichten und mit dem restlichen Öl und dem Balsamico-Essig beträufeln.

Heiß zu gegrilltem Fleisch oder zimmerwarm auf einem Vorspeisenteller servieren.

RISOTTO MIT SAUERAMPFER UND SPARGEL

FÜR 4 PERSONEN

etwa 1 l Gemüse- oder Hühnerbrühe
250 ml trockener Weißwein
50 g Butter in kleinen Stücken
3 EL Olivenöl
1 Zwiebel, fein gehackt
2 Knoblauchzehen, zerdrückt
300 g Risottoreis
1 kg weißer Spargel, geschält und in
　2 cm lange Stücke geschnitten
100 g Sauerampfer, gewaschen, geputzt
　und fein gehackt (siehe Anmerkung)
60 g Parmesan, gerieben
Meersalz und frisch gemahlener schwarzer
　Pfeffer

Die Brühe mit dem Wein in einem großen Topf aufkochen, den Deckel auflegen und die Brühe bei geringer Hitze köcheln lassen.

Die Hälfte der Butter in einem großen Topf zerlassen und das Olivenöl hinzufügen. Die Zwiebel mit dem Knoblauch darin in 5 Minuten bei mittlerer Hitze darin weich dünsten. Den Reis dazugeben und gut umrühren. 125 ml Brühe angießen und den Reis bei geringer Hitze unter Rühren köcheln lassen, bis er die Brühe vollständig aufgesogen hat. Den Vorgang so lange wiederholen, bis die Brühe vollständig aufgebraucht und der Reis weich und cremig ist. Kurz bevor die Brühe aufgebraucht ist, den Spargel und den Sauerampfer hinzufügen.

Die restliche Butter und den Parmesan unterrühren, mit Meersalz und Pfeffer abschmecken und servieren.

ANMERKUNG: Der Sauerampfer, eine krautige Pflanze mit länglichen grünen Blättern, wird im Frühjahr auf gut sortierten Wochenmärkten angeboten. Vor der Zubereitung die bitteren Stiele entfernen. Wegen seines intensiven Aromas sollte man Sauerampfer nur sparsam verwenden.

STRUDEL MIT HÄHNCHENFLEISCH UND BRUNNENKRESSE
FÜR 6 PERSONEN

60 g frische Semmelbrösel
  (siehe Tipp Seite 73)
1–2 TL Sesamsamen
175 g Brunnenkresse
4 Hähnchenbrustfilets
125 g Butter
3 EL Dijonsenf
250 g Crème double
15 Blätter Filoteig
Fett für das Backblech

Den Backofen auf 170 °C vorheizen. Semmelbrösel und Sesam jeweils auf einem eigenen Backblech verteilen und in 8–10 Minuten goldbraun rösten.

Die Brunnenkresse 3 Minuten dämpfen. Gut abtropfen und etwas abkühlen lassen und das Wasser möglichst vollständig mit den Händen herauspressen.

Das Fleisch in dünne Streifen schneiden. 30 g Butter bei mittlerer bis starker Hitze in einer großen Pfanne erhitzen und das Fleisch darin 4–5 Minuten unter Rühren braten, bis es gerade durchgegart ist.

Das Fleisch mit einem Schaumlöffel herausheben und den Senf mit der Crème double in die Pfanne geben. Gut umrühren und bei geringer Hitze auf etwa die Hälfte reduzieren. Die Pfanne vom Herd nehmen und das Fleisch und die Brunnenkresse hineingeben.

Die restliche Butter bei geringer Hitze in einer kleinen Kasserolle zerlassen. Ein Teigblatt auf die Arbeitsfläche legen, die restlichen Blätter mit einem feuchten Geschirrtuch abdecken, damit sie nicht austrocknen. Den Teig mit etwas zerlassener Butter bepinseln und mit den gerösteten Semmelbröseln bestreuen. Ein zweites Teigblatt darauflegen, ebenfalls mit Butter bepinseln und mit Semmelbröseln bestreuen. Den Vorgang so lange wiederholen, bis die Teigblätter aufgebraucht sind.

Die Fleischmischung in der Mitte des Teigs verteilen, die Teigränder darüberschlagen und das Ganze zu einem Päckchen formen. Den Strudel mit der Naht nach unten auf ein eingefettetes Backblech legen, mit der restlichen Butter bepinseln, mit Sesam bestreuen und in 30 Minuten goldbraun backen.

Den Strudel anschließend aus dem Ofen nehmen, etwas abkühlen lassen und servieren.

WASSERMELONENSALAT MIT FETA UND BRUNNENKRESSE
FÜR 4 PERSONEN

2 EL Sonnenblumenkerne

1 kg Wassermelone, die Kerne entfernt

175 g Feta, zerkrümelt

80 g Brunnenkresse

2 EL natives Olivenöl extra

1 EL frisch gepresster Zitronensaft

2 TL fein gehackter Oregano

Meersalz und frisch gemahlener schwarzer Pfeffer

Eine kleine Pfanne bei mittlerer bis starker Hitze heiß werden lassen und die Sonnenblumenkerne ohne Zugabe von Fett in 2 Minuten goldbraun rösten. Die Pfanne dabei ständig rütteln. Die Sonnenblumenkerne anschließend in eine Schüssel füllen.

Die Melone schälen, das Fruchtfleisch in breite Spalten schneiden und in einer großen Servierschüssel vorsichtig mit dem Feta und der Brunnenkresse anrichten.

In einer kleinen Schüssel das Olivenöl kräftig mit dem Zitronensaft und dem Oregano verrühren und mit wenig Meersalz (da der Feta bereits relativ salzig ist) und Pfeffer abschmecken.

Das Dressing über die Salatzutaten gießen und den Salat vorsichtig durchmischen. Mit den Sonnenblumenkernen bestreuen und servieren.

Kartoffelgnocchi mit Salbei und Pancetta
Für 4 Personen

1 kg mehligkochende Kartoffeln
etwa 200 g Mehl und Mehl für die
   Arbeitsfläche
Meersalz
Fett für die Form oder das Backblech

Für die Sauce
20 g Butter
80 g durchwachsener Speck (vorzugsweise
   Pancetta), in feine Streifen geschnitten
8 sehr kleine Salbei- oder Basilikumblätter
150 g Crème double
Meersalz und frisch gemahlener schwarzer
   Pfeffer
50 g Parmesan, in Späne gehobelt

Den Backofen auf 160 °C vorheizen.

Die Kartoffeln rundherum einstechen, in einen beschichteten Bräter legen und 1 Stunde im Backofen backen, bis sie weich sind. 15 Minuten abkühlen lassen, pellen und durch die Kartoffelpresse drücken oder durch die Gemüsemühle drehen (die Küchenmaschine ist dafür nicht geeignet, weil das Püree dadurch zäh werden würde).

Nach und nach das Mehl mit den Kartoffeln vermengen. Wenn der Teig zu fest wird, das Mehl mit den Händen einarbeiten. Den Teig anschließend auf der leicht bemehlten Arbeitsfläche vorsichtig durchkneten. Gegebenenfalls noch etwas Mehl einarbeiten, bis der Teig weich und elastisch ist und sich nicht klebrig anfühlt. Dabei jedoch darauf achten, nicht zu viel Mehl hinzuzufügen. Die Gnocchi werden sonst nicht locker.

Den Teig in sechs gleich große Portionen teilen und diese auf der bemehlten Arbeitsfläche zu jeweils 1,5 cm dicken Streifen ausrollen. Die Streifen in 1,5 cm große Stücke teilen. Mit einer Gabel tiefe Rillen in die Teigstücke drücken und diese anschließend leicht einrollen. Die Gnocchi portionsweise in reichlich kochendes Salzwasser geben, vorsichtig umrühren und die Gnocchi 1–2 Minuten kochen lassen, bis sie an die Oberfläche steigen. Mit einem Schaumlöffel herausheben, abtropfen lassen und in eine eingefettete Auflaufform oder auf ein eingefettetes Backblech geben.

Inzwischen den Backofen auf 180 °C vorheizen.

Für die Sauce die Butter in einer Pfanne zerlassen, Speck darin knusprig braten und auf Küchenpapier abtropfen lassen. Die Kräuterblätter kurz in derselben Pfanne frittieren und ebenfalls auf Küchenpapier abtropfen lassen. Die Crème double in die Pfanne geben, mit Meersalz und Pfeffer würzen und 5–10 Minuten köcheln lassen, bis die Sauce eingedickt ist.

Die Sauce über die Gnocchi gießen und vorsichtig umrühren. Parmesan, Speck und Kräuter darüberstreuen und die Gnocchi 10–15 Minuten im Backofen überbacken, bis der Käse geschmolzen und leicht gebräunt ist. Sofort servieren.

Käse-Scones mit Schnittlauch
ERGIBT ETWA 9 STÜCK

Fett für das Backblech
250 g Mehl und Mehl für die Arbeitsfläche
2 TL Backpulver
1 Prise Meersalz
30 g Butter in kleinen Stücken
60 g Cheddar, gerieben, und 3 EL
    geriebener Cheddar zum Bestreuen
3 EL geriebener Parmesan
2 EL Schnittlauchröllchen
etwa 125 ml Milch
Butter zum Servieren

Den Backofen auf 190 °C vorheizen. Ein Backblech einfetten.

Das Mehl mit Backpulver und Meersalz in eine Schüssel sieben. Die Butter mit den Fingerspitzen vorsichtig unter das Mehl kneten, bis ein krümeliger Teig entstanden ist. Den Käse und den Schnittlauch einarbeiten und in der Mitte eine Mulde formen. Die Milch und 125 ml Wasser in die Mulde gießen und die Zutaten mit einem Messer mit breiter Klinge zu einem weichen Teig verarbeiten. Wenn der Teig zu trocken ist, noch etwas Milch hinzufügen.

Den Teig kurz auf der bemehlten Arbeitsfläche durchkneten (nicht zu lange kneten, sonst werden die Scones zäh) und anschließend mit den Händen zu einem etwa 2 cm dicken Rechteck flach drücken. Mit einem bemehlten runden Ausstecher (5 cm Ø) neun Kreise aus dem Teig ausstechen, nebeneinander auf das Backblech legen und mit den übrigen 3 EL Cheddar bestreuen.

Die Scones 12 Minuten backen, bis sie aufgegangen sind und der Käse leicht gebräunt ist. Warm mit Butter servieren.

Apfelgelee mit Minze

Ergibt 3 Gläser à 250 Gramm

1 kg grüne Äpfel
125 ml frisch gepresster Zitronensaft
3 sehr große Handvoll Minzeblätter
etwa 750 g Zucker
2–3 Tropfen grüne Lebensmittelfarbe

Die Äpfel waschen und in dicke Scheiben schneiden (nicht schälen und die Kerngehäuse nicht entfernen), mit dem Zitronensaft, dem größten Teil der Minze und 1 Liter Wasser in einem großen Topf aufkochen und anschließend 10 Minuten bei geringer Hitze köcheln lassen, bis die Äpfel zerfallen sind. Größere Stücke mit einem Holzkochlöffel zerkleinern.

Die Mischung durch ein Sieb in eine Schüssel passieren (die Äpfel dabei nicht auspressen, sonst wird der Saft trüb) und den Saft über Nacht ruhen lassen.

Zwei kleine Teller in die Gefriertruhe stellen. Den Saft abmessen und in einen großen Topf gießen. Pro 250 ml Flüssigkeit 220 g Zucker hinzufügen. Die Mischung bei geringer Hitze unter Rühren erhitzen, aber nicht aufkochen lassen, bis sich der Zucker vollständig aufgelöst hat.

Aufkochen und 20 Minuten bei geringer Hitze köcheln lassen. Um zu prüfen, ob das Gelee ausreichend gekocht ist, etwas heißes Gelee auf einen eisgekühlten Teller geben. Ist sie ausreichend gekocht, bildet sich auf der Oberfläche eine feine Haut und der Finger hinterlässt eine deutliche Spur, wenn man damit durch das Gelee fährt. Ist dies nicht der Fall, das Gelee weiterkochen und erneut die Probe machen.

Die restliche Minze hacken und mit der Lebensmittelfarbe unter das Gelee rühren. Den Topf vom Herd nehmen, das Gelee 5 Minuten abkühlen lassen und danach in heiße, sterilisierte Gläser (siehe Anmerkung Seite 69) abfüllen und luftdicht verschließen. Abkühlen lassen, die Gläser etikettieren und mit dem Datum versehen.

An einem kühlen, lichtgeschützten Platz ist das Gelee bis zu sechs Monate haltbar. Geöffnete Gläser können bis zu sechs Wochen im Kühlschrank aufbewahrt werden.

Das Apfelgelee mit Minze passt hervorragend zu gebratenem Lammfleisch.

GESCHMOLZENE ZWIEBELN MIT THYMIAN

ERGIBT 3 GLÄSER À 250 GRAMM

2 kg Zwiebeln, halbiert und in dünne
  Ringe geschnitten
750 ml Rot- oder Weißweinessig
6 schwarze Pfefferkörner
2 Lorbeerblätter
800 g feiner Rohzucker
2 EL Thymianblättchen
1 TL Meersalz
10 Zweige Thymian
  (jeweils etwa 3 cm lang)

Die Zwiebeln mit dem Essig in einen großen Topf geben. Die Pfefferkörner mit den Lorbeerblättern in ein 10 cm großes Stück Gaze einschlagen und mit Küchengarn zubinden. Das Säckchen in den Topf geben, die Zwiebeln aufkochen und in 40–45 Minuten bei geringer Hitze sehr weich kochen.

Zucker, Thymian und Meersalz hinzufügen und so lange rühren, bis sich der Zucker aufgelöst hat. Aufkochen und danach 20–30 Minuten bei geringer Hitze köcheln lassen, bis eine dicke, sirupartige Masse entstanden ist. Mit einem Schaumlöffel abschäumen, das Gewürzsäckchen herausnehmen und die Thymianzweige hineingeben.

Die Zwiebeln in heiße, sterilisierte Gläser (siehe Anmerkung Seite 69) abfüllen und die Gläser luftdicht verschließen. Abkühlen lassen, die Gläser etikettieren und mit dem Datum versehen. An einem kühlen, lichtgeschützten Ort sind die Zwiebeln sechs bis zwölf Monate haltbar. Geöffnete Gläser können bis zu sechs Wochen im Kühlschrank aufbewahrt werden.

Die geschmolzenen Zwiebeln passen hervorragend zu Rindfleisch, Wild, pikantem Käse und zu Sandwiches.

Jahreszeitliche Genüsse

Manche Obst- und Gemüsesorten reifen nur zu bestimmten Jahreszeiten oder lassen sich nicht gut transportieren. Wer die Geduld aufbringt, kann Monat für Monat das genießen, was die Jahreszeit gerade beschert. Und um vielleicht doch das ganze Jahr über etwas von den Produkten zu haben, die im Mittelpunkt dieses Kapitels stehen, kann man sie einfrieren, einkochen oder einlegen.

ARTISCHOCKEN

Ein großer Teil der Artischocke ist nicht genießbar und es gibt einige, die behaupten, der Aufwand, den die Zubereitung erfordert, stehe in keinem Verhältnis zum Ertrag. Artischocken enthalten einen Bitterstoff, das Cynarin, der mit anderen Lebensmitteln und mit Wein reagiert, wodurch der Geschmack des Gemüses noch unterstrichen wird.

Obwohl Artischocken zweimal im Jahr, im Frühjahr und im Herbst, geerntet werden können, sind die Erträge relativ gering. Deshalb sind Artischocken in der Regel teuer. Es gibt sie in den unterschiedlichsten Größen und ihr Gewicht kann von 100–500 g reichen.

Achten Sie beim Einkauf darauf, dass die Artischocken schwer in der Hand liegen und die Blätter fest anliegen. Die Blätter sollten grün sein, gelegentlich findet man aber auch Artischocken mit einem leichten Braunschimmer. Dies ist ein Zeichen dafür, dass die Artischocke Frösten ausgesetzt war. Kenner suchen ganz gezielt nach solchen Artischocken, weil sie einen besseren Geschmack haben. Ob eine Artischocke wirklich frisch ist, erkennt man am »Quietschen«, das man hört, wenn man die Blätter aneinanderreibt.

Artischocken bewahrt man am besten in einem gut verschlossenen Plastik-beutel oder -behälter im Kühlschrank auf. Sie sind so maximal zwei bis drei Tage haltbar. Und sie dürfen unter keinen Umständen angeschnitten werden, wenn man sie nicht sofort weiterverarbeitet, denn sie werden braun, wenn sie mit der Luft in Berührung kommen. Deshalb sollte man sie während der Zube-reitung auch in Zitronen- oder Essigwasser legen.

Vor der Zubereitung müssen die Stiele entweder bis zum Ansatz abge-schnitten werden oder man schneidet nur das Stielende ab und schält den verbleibenden Stiel. Anschließend entfernt man die harten äußeren Blätter und schneidet von den übrigen Blättern das obere Drittel mit einer Küchen-schere ab. Artischocken können gedämpft, geschmort oder bei geringer Hitze weich gekocht werden (um die Garprobe zu machen, mit einem Metallspieß an der dicksten Stelle hineinstechen). Je nach Größe beträgt die Garzeit 10–30 Minuten. So gegart kann man sie mit zerlassener Butter, einer Sauce hollandaise, Olivenöl oder einer guten selbst gemachten Vinaigrette servieren, in die man die Blätter eintaucht, um dann das weiche Fruchtfleisch heraus-zusaugen.

Artischocken können aber auch gefüllt und gebraten, frittiert, sauer oder in Öl eingelegt oder in Gemüse-, feinen Fleisch- oder Fischeintöpfen mitge-gart werden. Mit ihrem angenehm milden Geschmack passen sie gut zu Spar-gel, Erbsen, grünen Bohnen, Dicken Bohnen, Hähnchen, Kalbfleisch, Pinien-kernen und Mandeln, Kapern, rohem Schinken, Zitrone, Oliven, Petersilie, Majoran und Thymian, Parmesan, Gruyère und Pecorino.

BEEREN

Beeren sind sie ausgesprochen empfindlich und anfällig für Schimmelbefall. Deshalb sollte man die Früchte vor dem Kauf stets genau ansehen. Beeren immer erst unmittelbar vor dem Verzehr waschen, denn Wasser beeinträchtigt ihren Geschmack, und wenn sie erst einmal feucht sind, verderben sie noch rascher.

Brombeeren

Brombeeren schmecken am besten, wenn man sie direkt von ihrem stacheligen Busch pflückt. Aber auch die Früchte der dornenlosen Kulturpflanzen sind köstlich. Brombeeren haben vom Spätsommer bis zum Herbst Saison. Wer-den sie kurz vor der Reife gepflückt, haben sie einen leicht säuerlichen Geschmack. Achten Sie beim Einkauf darauf, dass die Beeren groß und rund sind und eine glänzende dunkelviolette Farbe haben. Außerdem sollten die Früchte keine Stiele mehr tragen, denn dies bedeutet, dass sie bereits vor der Reife gepflückt wurden. Brombeeren möglichst noch am selben Tag verbrau-chen oder einfrieren. Sie sind dann bis zu sechs Monate haltbar.

Brombeeren schmecken vorzüglich als Kompott und Konfitüre und eignen sich hervorragend als Kuchenbelag und für kalte Desserts wie Gelees, Cremes und Sorbets. Sie passen gut zu Wild, vor allem zu Reh und Taube, Äpfeln, anderen Beeren, Sahne, Mascarpone, Crème fraîche und Joghurt, Zimt, Rotwein, Schaumwein und Gebäck.

Erdbeeren

Der botanische Name der Erdbeere (*Fragaria*) bedeutet so viel wie »duftend« und genau so sollte eine Erdbeere auch sein. Kaufen Sie Erdbeeren erst im Sommer, so frisch wie möglich.

Erdbeeren reifen nach dem Pflücken nicht nach. Sie sollten groß und noch ein bisschen fest sein und einen angenehmen Duft verströmen. Wenn Sie sie in den Kühlschrank stellen, achten Sie darauf, dass die Beeren nicht übereinander liegen. Deshalb legt man sie am besten auf ein mit Küchenpapier ausgelegtes Tablett und deckt sie mit Frischhaltefolie ab. Die Früchte vor dem Servieren rechtzeitig aus dem Kühlschrank nehmen, damit sie sich auf Zimmertemperatur erwärmen können. Die Stielansätze mit den grünen Hüllblättern erst nach dem Waschen entfernen, weil die Früchte sonst an Geschmack einbüßen.

Beim Erhitzen wird der in den Beeren enthaltene Farbstoff Anthocyanin zerstört und sie bekommen eine unansehnliche Farbe. Das lässt sich verhindern, wenn man sie mit säurehaltigen Zutaten wie zum Beispiel Rhabarber kocht (der auch geschmacklich vorzüglich mit Erdbeeren harmoniert).

Köstlich schmecken die Beeren auch, wenn man sie mit Frischkäse und etwas gehackter Minze als Sandwichbelag verwendet. Man kann sie aber ebenso in etwas Balsamico-Essig, Cointreau oder Brandy einlegen. Erdbeeren passen gut zu Vanille, Orangen, Rhabarber, anderen Beeren, Sahne, Crème fraîche, Ricotta, Mascarpone und Frischkäse, Blütenwasser (Orangenblüten- und Rosenwasser), Pistazien und Balsamico-Essig.

Heidelbeeren

Wirklich frisch sind Heidelbeeren, wenn sie ganz leicht mit einem silbrig weißen Puder überzogen sind, der sie vor der Sonne schützt. Achten Sie beim Einkauf darauf, dass die Beeren fest, groß und rund und möglichst gleich groß sind. Heidelbeeren sollte man nicht länger als zwei Tage aufbewahren, und zwar am besten in einem mit Papier ausgelegten und mit Frischhaltefolie abgedeckten Gefäß. Man kann sie aber auch bis zu sechs Monate einfrieren und zum Backen oder Kochen verwenden. Die Beeren einfach unaufgetaut unter einen Pfannkuchen- oder Muffinteig heben. Tauen Sie sie keinesfalls vorher auf, da sie sonst matschig werden.

Heidelbeeren schmecken vorzüglich mit Zitronen, Orangen, Zimt, Gewürz-nelken, Pekannüssen und Walnüssen, Frischkäse und Joghurt, Pfirsichen, Nektarinen, Mangos sowie zu anderen Beeren.

Himbeeren

Die saftigen Beeren mit dem feinen, süßen, moschusartigen Geschmack haben im Spätsommer Hochsaison. Himbeeren sind relativ teuer, weil das Pflücken der empfindlichen Früchte mit großem Arbeitsaufwand verbunden ist.

Himbeeren sollte man sofort verbrauchen oder maximal zwei Tage im Kühlschrank aufbewahren. Achten Sie beim Einkauf darauf, dass die Beeren eine intensive Farbe haben und kaufen Sie am besten Früchte aus biologischem Anbau, die nicht gespritzt sind und deshalb nicht gewaschen werden müssen, denn das Waschen beeinträchtigt ihren Geschmack. Him-beeren, die noch ihre grünen Stiele tragen, wurden zu früh gepflückt und sind sauer.

Besonders köstlich schmecken Himbeeren natürlich, wenn man sie pur oder aber mit Schlagsahne oder Crème fraîche genießt, sie können aber auch mit etwas Zucker kurz im geschlossenen Topf gekocht werden, bis sie anfangen, ihren Saft abzugeben. Und man kann daraus eine herrliche Konfitüre herstellen. Himbeeren harmonieren gut mit anderen Beeren und mit Äpfeln, Birnen, Orangen, Rhabarber, Feigen, Likören, Süßweinen und Schaumwein, allen Arten von Schokolade und Gebäck.

Dicke Bohnen

Dicke Bohnen haben im Frühjahr und Frühsommer Saison. Die Hülsen sind in der Regel 18–23 cm lang. Achten Sie beim Einkauf darauf, dass sie schön glatt, gleichmäßig hellgrün gefärbt und an den Enden nicht schwarz verfärbt sind. Zeichnen sich die Bohnen sehr stark unter der Schale ab, deutet dies darauf hin, dass sie überreif sind. Die Bohnen sind dann hart und trocken. Am besten prüft man die Qualität, indem man eine Hülse aufbricht. Darin sollten sich gleich große hellgrüne Bohnenkerne befinden, die fest von einer glatten Schale umschlossen sind und in einem flaumigen Bett liegen.

Dicke Bohnen mit den Hülsen in einem perforierten Plastikbeutel maxi-mal zwei bis drei Tage im Kühlschrank aufbewahren. Das Auspalen ist ganz einfach: Die Hülse drehen, um sie aufzubrechen, den oberen Teil der Hülse entfernen und die Bohnen mit den Fingern herausholen.

Dicke Bohnen passen hervorragend zu Pasta- und Reisgerichten, Eierspeisen und Salaten. Sie harmonieren gut mit salzigem italienischem Hartkäse, Sahne, Butter, Schinken, Lachs, Garnelen, Krebsfleisch, jungen

Möhren, Erbsen, Artischocken, Spargel, Safran, Blattsalaten, Pilzen und Oliven. Die älteren, mehligeren Bohnen eignen sich hervorragend für Pürees, wo man sie auch noch mit Kartoffeln oder Knollensellerie kombinieren kann.

ERBSEN

Erbsen *müssen* nach der Ernte so rasch wie möglich gekocht werden. Denn sobald sie gepflückt werden, wandelt sich der Zucker in Stärke um, und die Erbsen werden mehlig und schwer. Kaufen Sie frische Erbsen deshalb nur im Frühjahr und im Frühsommer, denn der Händler kann sie nicht lange lagern. Achten Sie beim Einkauf darauf, dass die Hülsen schön glatt sind und sich die Erbsen nicht zu stark abzeichnen. Wenn man die Hülsen schüttelt, darf man die Erbsen nicht klappern hören, sondern sie müssen dicht an dicht in den Hülsen liegen. Erbsen maximal zwei Tage in einem perforierten Plastikbeutel im Kühlschrank aufbewahren oder einfrieren. Zum Einfrieren die Erbsen auspalen, kurz blanchieren, auf einem Tablett verteilen und gefrieren lassen. Anschließend in einen Gefrierbeutel oder eine Gefrierdose füllen und innerhalb von zwei Monaten verbrauchen.

In der Regel werden Erbsen kurz in wenig Salzwasser gekocht. Erbsen sind eine herrliche Beilage und können ebenso gut püriert werden. Sie schmecken hervorragend in Pastagerichten, Suppen, Risottos und Eierspeisen.

In England verfeinert man Erbsen traditionell mit frischer Minze (siehe Seite 208), zu Erbsen passen aber auch sehr gut Estragon, Dill, Butter, Sahne, Sauerrahm, gepökeltes und geräuchertes Fleisch, Hähnchen, Reis, Kartoffeln, Curry, Garnelen, Hummer und Krebsfleisch.

FEIGEN

Feigenbäume blühen bis zu dreimal im Jahr. Die Früchte werden getrocknet oder frisch angeboten. Frische Feigen haben eine weiche Schale und das zarte Fruchtfleisch ist mit vielen winzigen essbaren Kernen durchsetzt.

Feigen sind sehr empfindlich, verderben schnell und reifen nach dem Pflücken nicht nach. Idealerweise sollte man sie, noch warm von der Sonne, direkt vom Baum essen. Reife Feigen liegen schwer in der Hand, fühlen sich ein wenig weich an und der Stielansatz ist leicht gebogen. Achten Sie beim Einkauf darauf, dass die Früchte unversehrt sind, keine Druckstellen aufweisen und keinen Saft absondern. Zum Transport sollte man die Früchte am besten in Papiertaschentücher wickeln und nebeneinander in eine Schachtel legen. So können sie auch – maximal zwei Tage – im Kühlschrank aufbewahrt werden. Die Feigen vor dem Verzehr rechtzeitig aus dem Kühlschrank nehmen, damit sie sich auf Zimmertemperatur erwärmen und ihren vollen Geschmack entfalten können.

Die Früchte vor der Zubereitung sorgfältig mit einem feuchten Tuch säubern und dickschalige Früchte schälen. Die Stiele abschneiden (dabei darauf achten, dass Sie nicht mit dem weißen Saft in Berührung kommen, den die Früchte absondern. Er kann Hautreizungen verursachen). Feigen eignen sich am besten zum Grillen, Braten oder Pochieren, man kann sie aber auch zu Konfitüre verarbeiten oder im Ganzen in Zuckersirup einlegen. Oder man schneidet sie auf und friert sie (drei bis vier Monate) ein, um sie später für Konfitüren, zum Einmachen oder für gebackene Desserts zu verwenden.

Feigen sind köstlich als Vorspeise, auf Pizzas, in Salaten oder einfach gebraten als Beilage zu gebratenem Schweinefleisch, Wachteln oder Hähnchen. Sie passen hervorragend zu Balsamico-Essig, karamellisierten Zwiebeln, Fenchelsamen, Salbei, rohem Schinken, durchwachsenem Speck, Käse (Blauschimmelkäse, Ziegenkäse, Ricotta, Mascarpone), Brandy, Honig, Mandeln, Walnüssen, Pistazien, Himbeeren, Ingwer, Zimt, Sternanis, Safran und Orangen.

QUITTEN

Die Quitte hat eine dicke, glänzende gelbe Schale, die häufig mit einem leichten Flaum bedeckt ist. Obwohl die Früchte auch in reifem Zustand sehr hart sind, bekommen sie sehr leicht Druckstellen. Rohe Quitten schmecken sehr sauer, doch wenn sie gekocht werden, wird das helle Fruchtfleisch weich und rosig und nimmt einen verführerischen Moschusgeschmack an.

Quitten haben vom Spätherbst und den ganzen Winter hindurch Saison. Achten Sie beim Einkauf darauf, dass die Früchte eine glänzende, leuchtend gelbe Schale haben und an den Enden nicht verschrumpelt sind. In einem kühlen Raum halten sich Quitten bis zu zwei Wochen, im Kühlschrank (die Früchte in einem gut verschlossenen Plastikbeutel aufbewahren, sonst riecht der ganze Kühlschrank danach) drei bis vier Wochen. Die Früchte vor der Zubereitung gründlich waschen, gegebenenfalls mit einem scharfen Messer schälen, die Kerngehäuse entfernen und die Früchte sofort in Zitronenwasser legen, damit sich das Fruchtfleisch nicht verfärbt. Braune Stellen herausschneiden.

Quitten werden in der Regel geschmort, pochiert oder mehrere Stunden in Zuckersirup gekocht. Sie eignen sich für Konfitüren und Gelees, für Crumbles, für eine Charlotte sowie für Quittenpaste. Quitten passen gut zu Honig, Zimt, Rotwein, Vanille, Lorbeer, Kardamom, Ingwer, Safran, Piment, Gewürznelken und Pistazien.

SPARGEL

Spargel ist nicht für lange Transporte geeignet. Nutzen Sie also die kurze Spargelsaison im späten Frühjahr, um sich an heimischen Produkten gütlich zu tun.

Bei der Spargelspitze handelt es sich um eine ungeöffnete Knospe, aus der sich, wenn sie erblüht, eine farnähnliche Pflanze mit roten Beeren entwickelt. Am gängigsten sind weißer, grüner und violetter Spargel. Die Stangen können daumendick oder stricknadeldünn sein. Achten Sie beim Einkauf darauf, dass die Stielenden nicht verschrumpelt oder ausgetrocknet sind. Die Spitzen sollten hell und kompakt, trocken und intakt sein. Die Stangen sollten schön fest sein und möglichst die gleiche Größe haben, damit sie gleichzeitig gar sind. Spargel mag es ein bisschen feucht, deshalb die Stangen aufrecht in ein Gefäß mit Wasser stellen und mit Frischhaltefolie abdecken oder gut in einen Plastikbeutel verpacken und im Kühlschrank aufbewahren.

Vor der Zubereitung die holzigen Enden abschneiden. Die faserige Schale des weißen Spargels mit dem Sparschäler abschälen. Beim grünen Spargel genügt es, wenn man das untere Ende abschält. Spargel kann gedämpft und gekocht, in Olivenöl gedünstet, 15 Minuten im nicht zu heißen Backofen gebraten oder bei mittlerer Hitze gegrillt werden. Beim Braten und Grillen entfaltet sich der Geschmack besonders gut. Deshalb eignet sich Spargel, der auf diese Weise gegart wurde, hervorragend für herzhafte Salate oder Vorspeisen.

Aufgrund seiner Form ist der Spargel darüber hinaus geradezu als Fingerfood prädestiniert. Dazu die Stangen einfach mit Räucherlachs oder rohem Schinken umwickeln und mit einer milden Aïoli servieren.

Auch wenn der Spargel an sich schon eine Köstlichkeit ist, lässt er sich noch hervorragend mit Butter, Sauce hollandaise, gerösteten Semmelbröseln, Knoblauch, Meeresfrüchten, Räucherlachs, rohem Schinken, Estragon, Dill, Petersilie, Thymian, Schnittlauch, Sardellen, Kapern, Oliven, sonnengetrockneten Tomaten, Zucchini, Dicken Bohnen oder Artischocken verfeinern.

Steinfrüchte

Am saftigsten sind diese Früchte mit ihrem wunderbar weichen Fruchtfleisch während der Saison, die je nach Frucht vom Sommer bis in den Herbst hineinreichen kann. Das Fruchtfleisch ist ausgesprochen empfindlich. Achten Sie deshalb beim Einkauf darauf, dass die Früchte unversehrt sind und keine Druckstellen aufweisen. Steinfrüchte schmecken am besten, wenn man sie möglichst bald nach dem Einkauf verzehrt. Wenn Sie sie im Kühlschrank aufbewahren, die Früchte immer rechtzeitig herausnehmen, damit sie sich auf Zimmertemperatur erwärmen und ihren vollen Geschmack entfalten können.

Aprikosen

Damit sie so schmeckt, wie sie sollte, muss eine Aprikose vollreif und saftig gepflückt werden. Zu frühes Ernten, kalte Lagerung und lange Transportwege ruinieren ihren Geschmack. Versuchen Sie deshalb, im Sommer, wenn die Aprikosen Hochsaison haben, Früchte aus heimischem Anbau zu bekommen.

Aprikosen sollten einen angenehmen Duft verströmen, schwer in der Hand liegen und ein wenig auf Druck nachgeben, dabei aber nicht weich sein. Achten Sie darauf, dass die Früchte unversehrt sind und eine goldorange-farbene Schale haben. Aprikosen sollten innerhalb weniger Tage verbraucht werden. Zum Aufbewahren empfiehlt es sich, die Früchte auf zusammenge-knülltes Küchenpapier zu legen und sie nicht im Kühlschrank, sondern in einem kühlen Raum zu lagern.

Aprikosen müssen nicht geschält werden. Die Früchte vor dem Verzehr rund um den Kern einschneiden, auseinandernehmen und den Kern entfernen.

Aprikosen können pochiert, gebraten oder bei geringer Hitze gekocht und anschließend püriert werden, man kann sie aber auch vorsichtig grillen. Der Geschmack der Früchte lässt sich besonders gut mit Vanille, Amaretto, Süßweinen, Blütenwasser (Orangenblüten- und Rosenwasser) und Honig heben und sie schmecken köstlich mit Joghurt, Crème fraîche, Sahne und Käse (Ricotta, Mascarpone, Camembert und Brie). Wenn Sie größere Mengen noch nicht ganz reifer Aprikosen haben, lässt sich daraus eine ausgezeichnete Konfitüre herstellen.

Kirschen

Kirschen haben im Hochsommer Saison. Die klassische **Süßkirsche** gibt es mit intensiver rubinroter Farbe, gelbe, orange angehauchte Sorten und solche mit fast weißem Fruchtfleisch. Die weltweit am häufigsten angebaute **Schattenmorelle** zählt zu den **Sauerkirschen**. Die Kirsche war ursprünglich vermutlich im Kaukasus und auf dem Balkan beheimatet.

Kirschen verderben sehr rasch und werden vorwiegend von Hand gepflückt, weil sie leicht Druckstellen bekommen. Die Früchte sollten eine glatte, glänzende Schale haben, die keine Verletzungen aufweist. Sie bleiben am besten frisch, wenn man die Stiele (die nicht braun sein dürfen) nicht entfernt. Vollreife Kirschen können Sie in einen gut verschlossenen Plastikbeutel verpackt zwei bis drei Tage im Kühlschrank aufbewahren. Kirschen passen hervorragend zu deftigem Fleisch wie Schinken, Ente, Wachteln und Wild, zu Schokolade, Mandeln, Zimt, Rotwein, Käse (Frischkäse, Ricotta und Mascarpone), Sternanis, Lorbeer, Vanille und Brandy.

Pfirsiche und Nektarinen

Die vollreifen Früchte sind nicht gut für den Transport geeignet und viele Sorten haben nur wenige Wochen Saison. Bei Pfirsichen und Nektarinen unterscheidet man grob zwischen nicht steinlösenden und steinlösenden Früchten. Bei Ersteren sitzt das Fruchtfleisch fest am Stein, bei Letzteren löst es sich leicht vom

Stein. Wenn Sie die Früchte in größeren Mengen kochen wollen, sollten Sie aus Gründen der Arbeitserleichterung eher auf steinlösende Sorten zurückgreifen. Achten Sie beim Einkauf darauf, dass die Früchte schwer in der Hand liegen, auf Druck etwas nachgeben und einen süßlichen Duft verströmen. Beide Früchte reifen nach dem Pflücken nicht nach. Nektarinen müssen nicht geschält werden, die pelzige Schale der Pfirsiche sollte man entfernen, wenn man die Früchte kochen will. Dafür eignet sich am besten ein scharfes Schälmesser oder man ritzt die Schale am Stielansatz kreuzweise ein, blanchiert die Früchte 15 bis 20 Sekunden in leicht kochendem Wasser und schreckt sie in Eiswasser ab. Die Schale lässt sich dann leicht abziehen. Pfirsiche und Nektarinen kann man im Ganzen in Zuckersirup pochieren oder klein schneiden und in wenig Sirup kochen, um sie anschließend für Pies, Puddings und kalte Desserts zu verwenden. Sie passen besonders gut zu Mandeln, Pistazien, Schaumwein, Roséwein, Vanille, Himbeeren, Erdbeeren, Zimt, Kardamom, Joghurt, Sahne und Crème fraîche. Außerdem lassen sich daraus vorzügliche Chutneys, Salsas und schmackhafte Salate herstellen.

Pflaumen

Die verschiedenen Sorten unterscheiden sich zum Teil erheblich in Größe, Farbe und Geschmack. Kaufen Sie am besten die Sorte, die gerade Saison hat, und achten Sie darauf, dass die Früchte schwer in der Hand liegen. Frisch gepflückte Früchte erkennt man daran, dass sie mit einem feinen, silbrigen, puderartigen Schleier überzogen sind. Reife Pflaumen sollten fest sein, aber auf Druck leicht nachgeben und dürfen keinen Saft absondern. Kaufen Sie niemals weiche oder sehr harte, verschrumpelte oder aufgeplatzte Früchte!

Große, saftige und süße Sorten eignen sich am besten zum Rohessen oder für Obstsalate. Man kann sie aber auch zum Backen und für Desserts verwenden. Das gilt auch für die säuerlicheren Sorten, die besonders gut schmecken, wenn man sie langsam mit etwas Zucker kocht, zu Konfitüren und Chutneys verarbeitet oder sie einmacht. Pflaumen lassen sich auch gut einfrieren (bis zu vier Monate). Dazu die Früchte zunächst schälen (wie unter »Pfirsiche und Nektarinen« beschrieben) und entsteinen.

Pflaumen harmonieren gut mit süßen Gewürzen (Gewürznelken, Zimt, Ingwer, Muskat, Kardamom, Sternanis), Thymian und Rosmarin. Relishes, Pickles, Chutneys oder mit Kräutern aromatisierte Pflaumenkompotte passen gut zu Schweinefleisch- und Hasenfleischterrinen und -pasteten, zu Schinken und gebratenem Fleisch (Schweinefleisch, Ente, Wachtel und Truthahn). Mit Pflaumen – kombiniert mit Mandeln, Walnüssen, Orangen, anderen Steinfrüchten, Rotwein, Brandy, Kirschwasser, Balsamico-Essig, Sahne, Sauerrahm, Ricotta und Mascarpone – lassen sich aber auch herrliche, süße Pies, Cobblers, Crumbles und andere warme Desserts herstellen.

HÄHNCHENBRUST MIT APRIKOSEN UND HONIG
FÜR 4 PERSONEN

40 g Butter
1 TL gemahlener Zimt
1 TL gemahlener Ingwer
1 Prise Cayennepfeffer
frisch gemahlener schwarzer Pfeffer
4 Hähnchenbrustfilets à 175 g, enthäutet
1 Zwiebel, in dünne Ringe geschnitten
250 ml Hühnerbrühe
6 Stängel Koriandergrün, zusammen-
   gebunden, und Koriandergrün zum
   Garnieren (nach Belieben)
Meersalz
500 g Aprikosen, halbiert und entsteint
2 EL Honig
2 EL gehackte Mandeln, geröstet
gedämpfter Couscous zum Servieren

Die Butter in einer großen Pfanne zerlassen und Zimt, Ingwer, Cayennepfeffer und ½ TL Pfeffer darin 1 Minute bei geringer Hitze anrösten, bis sie ihr Aroma entfalten. Die Hähnchenbrustfilets in die Pfanne geben und auf jeder Seite 1 Minute bei mittlerer Hitze anbraten. Dabei darauf achten, dass die Gewürze nicht verbrennen. Das Fleisch anschließend aus der Pfanne nehmen.

Die Zwiebel in die Pfanne geben und in 5 Minuten weich dünsten. Die Hähnchenbrustfilets wieder in die Pfanne legen, die Brühe angießen und das Koriandersträußchen hinzufügen. Mit Meersalz und Pfeffer abschmecken, den Deckel auflegen, das Fleisch 5 Minuten bei geringer Hitze köcheln lassen und dabei einmal wenden.

Die Hähnchenbrustfilets auf einer Servierplatte anrichten, zudecken und 2–3 Minuten ruhen lassen.

Inzwischen die Aprikosen mit der Schnittfläche nach unten in die Pfanne legen und mit dem Honig beträufeln. Den Deckel auflegen und die Aprikosen 7–8 Minuten köcheln lassen. Die Früchte nach 5 Minuten wenden. Anschließend das Koriandersträußchen herausnehmen und wegwerfen.

Die Aprikosen auf den Hähnchenbrustfilets verteilen, mit der Sauce überziehen, mit den Mandeln bestreuen und nach Belieben mit Koriandergrün garnieren. Mit gedämpftem Couscous servieren.

Lamm-Tagine mit Quitten
Für 4–6 Personen

1,5 kg Lammschulter ohne Knochen
2 große Handvoll Koriandergrün, fein
    gehackt, und Korianderblätter zum
    Garnieren (nach Belieben)
2 große Zwiebeln, gewürfelt
½ TL gemahlener Ingwer
½ TL Cayennepfeffer
einige Safranfäden
1 TL gemahlener Koriander
1 Zimtstange
Meersalz und frisch gemahlener schwarzer
    Pfeffer
3 EL frisch gepresster Zitronensaft
500 g Quitten
40 g Butter
100 g getrocknete Aprikosen
1 EL Zucker
gedämpfter Couscous oder Reis zum
    Servieren

Das Fleisch in 3 cm große Stücke schneiden und in einen Bräter geben. Das Koriandergrün, die Hälfte der Zwiebeln, die Gewürze und die Zimtstange hinzufügen und mit Meersalz und Pfeffer würzen.

Mit kaltem Wasser bedecken, bei mittlerer Hitze aufkochen und anschließend 90 Minuten bei leicht geöffnetem Deckel köcheln lassen, bis das Fleisch weich ist.

Inzwischen den Zitronensaft in eine große Schüssel mit Wasser gießen. Die Quitten gründlich waschen und nacheinander schälen, von den Kerngehäusen befreien und in breite Spalten schneiden. Die Spalten sofort in das Zitronenwasser legen, damit sie nicht braun werden.

Die Butter bei mittlerer Hitze in einer Pfanne zerlassen. Die Quitten abgießen, abtropfen lassen und trocken tupfen. Mit den restlichen Zwiebelwürfeln darin in 15 Minuten goldgelb anschwitzen und gelegentlich umrühren. Nach 1 Stunde Garzeit Quitten, Aprikosen und Zucker zum Fleisch geben und das Ganze weitere 10 Minuten bei geringer Hitze köcheln lassen.

Die Sauce noch einmal abschmecken. Das Fleisch mit der Sauce auf einer vorgewärmten Servierplatte anrichten, nach Belieben mit Korianderblättchen bestreuen und mit gedämpftem Couscous oder Reis servieren.

LAMMFRIKASSEE MIT ARTISCHOCKEN
FÜR 8 PERSONEN

3 EL frisch gepresster Zitronensaft
6 Artischocken
Meersalz
2 große Tomaten
1 Bouquet garni
4 EL Olivenöl
2 kg Lammfleisch, in Würfel geschnitten
750 g Zwiebeln, in dünne Ringe
  geschnitten
1 EL Mehl
2 Knoblauchzehen, zerdrückt
175 ml Weißwein
350 ml Hühnerbrühe
fein gehackte glatte Petersilie zum
  Garnieren (nach Belieben)
unbehandelte Zitronenschnitze

Den Zitronensaft in eine große Schüssel mit Wasser gießen und die Artischocken putzen. Zunächst die harten äußeren Blätter entfernen. Die Stiele auf 5 cm Länge kürzen und mit dem Sparschäler schälen. Die harten Spitzen der äußeren Blätter mit der Küchenschere abschneiden und danach die Spitzen der Artischocke mit einem scharfen Messer abschneiden. Die Blätter in der Mitte vorsichtig auseinanderziehen und das Heu mit einem Teelöffel herauskratzen. Die Artischocken sofort in das Zitronenwasser legen, damit sie sich nicht verfärben.

Die Artischocken anschließend 5 Minuten in reichlich kochendem Salzwasser garen. Mit einer Zange aus dem Topf nehmen, umgedreht abtropfen und etwas abkühlen lassen und danach vierteln.

In einem zweiten Topf Wasser zum Kochen bringen. Die Tomaten mit einem kleinen, scharfen Messer am Stielansatz kreuzweise einritzen, 20 Sekunden in kochendes Wasser legen, mit einem Schaumlöffel herausheben und in Eiswasser abschrecken. Tomaten trocken tupfen und die Schale vom Stielansatz her abziehen. Die Tomaten halbieren, die Samen mit einem Löffel herauskratzen und das Fruchtfleisch hacken.

2 EL Olivenöl in einer hohen Kasserolle erhitzen und das Fleisch darin portionsweise in 5–6 Minuten bei mittlerer Hitze goldbraun braten. Dabei gelegentlich umrühren. Das Fleisch anschließend auf einen Teller legen.

Das restliche Öl in der Kasserolle erhitzen und die Zwiebeln darin in 8 Minuten goldbraun braten. Das Mehl einrühren und 1 Minute anschwitzen.

Knoblauch und Tomaten hinzufügen und den Wein und die Brühe angießen. Das Fleisch und das Bouquet garni dazugeben, den Deckel auflegen und das Fleisch 1 Stunde köcheln lassen.

Die Artischocken hinzufügen und das Ganze im offenen Topf weitere 15 Minuten köcheln lassen. Anschließend das Fleisch und die Artischocken mit einem Schaumlöffel herausheben und auf einer Servierplatte warm stellen.

Das Bouquet garni entfernen und die Sauce bei starker Hitze eindicken lassen. Das Fleisch mit der Sauce überziehen, nach Belieben mit Petersilie garnieren und mit Zitronenschnitzen servieren.

GEGRILLTE FEIGEN MIT SCHINKEN

ERGIBT 12 STÜCK

30 g Butter
1 EL frisch gepresster Orangensaft
12 kleine, reife Feigen
12 Salbeiblätter
6 Scheiben roher Schinken, von Fett und
    Schwarte befreit und halbiert

Die Butter bei geringer Hitze in einer kleinen Kasserolle zerlassen und 8–10 Minuten erhitzen, bis sich das Milcheiweiß als Schaum an der Oberfläche und als Bodensatz am Topfboden absetzt.

Die Butter anschließend durch ein mit Küchenpapier ausgelegtes Sieb in eine saubere Schüssel abgießen. Den Orangensaft unterrühren und beiseitestellen.

Den Backofengrill auf höchster Stufe vorheizen.

Die Feigen vorsichtig waschen und mit Küchenpapier trocken tupfen. Die Früchte dann vom Stielansatz her so vierteln, dass sie an der Spitze noch zusammenhängen, und die Viertel vorsichtig wie eine Blüte auseinanderziehen.

Jeweils 1 Salbeiblatt in die Öffnungen stecken, die Feigen mit einer halben Scheibe Schinken umwickeln.

Die Feigen in eine flache Auflaufform setzen, mit der Orangenbutter bepinseln und 1–2 Minuten grillen, bis der Schinken leicht knusprig ist. Warm oder zimmerwarm servieren.

RISIBISI
FÜR 4–6 PERSONEN

etwa 1½ l Hühner- oder Gemüsebrühe
2 TL Olivenöl
40 g Butter
1 kleine Zwiebel, fein gehackt
80 g durchwachsener Speck (vorzugsweise
   Pancetta), fein gehackt
375 g junge Erbsen, frisch ausgepalt (das
   entspricht etwa 1 kg Erbsen mit Hülsen)
2 EL fein gehackte glatte Petersilie
200 g Risottoreis
50 g Parmesan, gerieben
Meersalz und frisch gemahlener schwarzer
   Pfeffer

Die Brühe in einem Topf aufkochen, den Deckel auflegen und die Brühe bei geringer Hitze köcheln lassen.

Das Olivenöl mit der Hälfte der Butter in einem großen Topf erhitzen und Zwiebel und Speck darin in 5 Minuten bei mittlerer Hitze weich dünsten.

Die Erbsen und die Petersilie hinzufügen, 2 Schöpflöffel Brühe angießen und das Ganze 6–8 Minuten köcheln lassen.

Den Reis dazugeben, die restliche Brühe angießen und den Reis in 12–15 Minuten bei geringer Hitze bissfest garen. Den Parmesan und die restliche Butter einrühren, mit Meersalz und Pfeffer abschmecken und servieren.

ERBSEN MIT MINZE
FÜR 4 PERSONEN ALS BEILAGE

625 g Erbsen
4 Stängel Minze
30 g Butter
2 EL grob geschnittene Minzeblätter
Meersalz und frisch gemahlener schwarzer
   Pfeffer

Die Erbsen in einem Topf mit Wasser bedecken, die Minzestängel hinzufügen, aufkochen und 5 Minuten köcheln lassen, bis die Erbsen gerade weich sind. Abgießen, abtropfen lassen und die Minzezweige herausnehmen.

Die abgetropften Erbsen wieder in den Topf geben, die Butter und die Minzeblätter hinzufügen und bei geringer Hitze unter Rühren erhitzen, bis die Butter geschmolzen ist. Mit Meersalz und Pfeffer abschmecken und servieren.

MAISPFANNKUCHEN MIT SPECK UND AHORNSIRUP
FÜR 4 PERSONEN

90 g Mehl
½ TL Backpulver
100 g Polenta
300 g Maiskörner (etwa 3 Maiskolben)
375 ml Milch
Meersalz und frisch gemahlener schwarzer
    Pfeffer
Olivenöl zum Braten
8 Scheiben Speck, von der Schwarte
    befreit
175 g Ahornsirup oder Golden Syrup

Den Backofen auf 100 °C vorheizen.

Das Mehl mit dem Backpulver in eine Schüssel sieben und die Polenta untermischen. Die Maiskörner hinzufügen, 250 ml Milch angießen und die Zutaten sorgfältig vermengen. Mit Meersalz und Pfeffer abschmecken und die restliche Milch unterrühren.

3 EL Olivenöl in einer großen Pfanne erhitzen und aus der Hälfte des Teigs darin bei mittlerer Hitze vier Pfannkuchen backen. Auf Küchenpapier abtropfen lassen, warm stellen und aus dem restlichen Teig noch einmal vier Pfannkuchen backen. Die Pfannkuchen danach im Backofen warm halten.

Anschließend den Speck 5 Minuten in der Pfanne braten. Auf jedem Teller zwei Pfannkuchen mit 2 Scheiben Speck anrichten, mit Sirup beträufeln und servieren.

GEGRILLTE MAISKOLBEN
FÜR 8 PERSONEN

8 Maiskolben mit Hüllblättern
125 ml Olivenöl und Olivenöl zum
    Bestreichen
6 Knoblauchzehen, fein gehackt
4 EL fein gehackte glatte Petersilie
Meersalz und frisch gemahlener schwarzer
    Pfeffer
Butter zum Servieren

Die Hüllblätter der Maiskolben zurückschlagen, aber nicht entfernen, die weißen Fäden entfernen, die Kolben waschen und trocken tupfen.

In einer kleinen Schüssel das Olivenöl mit Knoblauch, Petersilie, etwas Meersalz und Pfeffer verrühren. Die Maiskolben damit bestreichen, die Hüllblätter wieder darüberschlagen und mit Küchengarn festbinden.

Die Maiskolben in einen Dämpfeinsatz legen und jeweils 5 Minuten über einem Topf mit kochendem Wasser dämpfen. Mit einer Zange herausnehmen und trocken tupfen.

Inzwischen eine Grillplatte oder Grillpfanne bei mittlerer Hitze heiß werden lassen und mit etwas Olivenöl einstreichen. Die Maiskolben 20 Minuten grillen, dabei ständig wenden und gelegentlich mit Wasser besprühen. Heiß mit Butterflöckchen belegt servieren.

Maispfannkuchen mit Speck und Ahornsirup

CREMIGE MAISSUPPE
FÜR 8 PERSONEN

90 g Butter

2 große Zwiebeln, fein gehackt

1 Knoblauchzehe, zerdrückt

2 TL Kreuzkümmelsamen

1 l Gemüsebrühe

2 Kartoffeln, geschält und
    klein geschnitten

500 g Maiskörner (etwa 5 Kolben)

3 EL fein gehackte Petersilie

125 g Cheddar, gerieben

150 g Sahne

Meersalz und frisch gemahlener schwarzer
    Pfeffer

2 EL Schnittlauchröllchen (nach Belieben)

Die Butter in einem Topf zerlassen und die Zwiebeln darin in 5 Minuten bei mittlerer bis starker Hitze goldgelb anschwitzen.

Knoblauch und Kreuzkümmel hinzufügen und 1 Minute unter Rühren anbraten. Die Brühe angießen und aufkochen lassen. Die Kartoffeln dazugeben und 10 Minuten bei geringer Hitze garen.

Die Maiskörner und die Petersilie hinzufügen, erneut aufkochen und 10 Minuten bei geringer Hitze köcheln lassen.

Den Käse und die Sahne einrühren und mit Meersalz und Pfeffer abschmecken. Die Suppe noch einmal langsam erhitzen, bis der Käse geschmolzen ist. Nach Belieben mit Schnittlauchröllchen bestreuen und servieren.

RUCOLASALAT MIT FRITTIERTEN ARTISCHOCKEN UND SCHINKEN
FÜR 4 PERSONEN

3 EL frisch gepresster Zitronensaft
4 Artischocken
Meersalz
2 Eier
3 EL frische Semmelbrösel (siehe Tipp Seite 73)
3 EL geriebener Parmesan und Parmesanspäne zum Garnieren (nach Belieben)
frisch gemahlener schwarzer Pfeffer
Olivenöl zum Frittieren
8 Scheiben roher Schinken
3 TL Weißweinessig
1 Knoblauchzehe, zerdrückt
150 g Rucola, geputzt, die Stiele entfernt

Den Zitronensaft in eine große Schüssel mit Wasser gießen und die Artischocken putzen. Zunächst die harten äußeren Blätter entfernen. Die Stiele auf 5 cm Länge kürzen und mit dem Sparschäler schälen. Die harten Spitzen der äußeren Blätter mit der Küchenschere abschneiden und danach die Spitzen der Artischocken mit einem scharfen Messer abschneiden. Die Blätter in der Mitte vorsichtig auseinanderziehen und das Heu mit einem Teelöffel herauskratzen. Die Artischocken sofort in das Zitronenwasser legen, damit sie sich nicht verfärben.

Die Artischocken anschließend 2 Minuten in reichlich kochendem Salzwasser garen. Mit einer Zange aus dem Topf nehmen, umgedreht abtropfen und etwas abkühlen lassen und danach vierteln.

Die Eier in einer Schüssel verschlagen. In einer zweiten Schüssel die Semmelbrösel mit dem Parmesan mischen und mit Meersalz und Pfeffer würzen. Die Artischocken zunächst durch das verquirlte Ei ziehen, abtropfen lassen und anschließend in den Brotbröseln wälzen.

Eine Pfanne 2 cm hoch mit Olivenöl füllen und bei mittlerer bis starker Hitze heiß werden lassen. Die Artischocken portionsweise in 2–3 Minuten im heißen Öl goldbraun frittieren und dabei einmal wenden. Mit einem Schaumlöffel herausheben und auf Küchenpapier abtropfen lassen.

1 EL Olivenöl bei mittlerer bis starker Hitze in einer beschichteten Pfanne erhitzen, den Schinken in zwei Portionen in jeweils 2 Minuten goldbraun und knusprig braten und anschließend aus der Pfanne nehmen. Das Bratöl in eine kleine Schüssel gießen, den Essig und den Knoblauch hinzufügen, sparsam würzen und die Zutaten kräftig zu einem Dressing verrühren. Die Rucola in einer Schüssel mit der Hälfte des Dressings anmachen.

Rucola, Artischocken und Schinken auf vier Teller verteilen, mit dem restlichen Dressing beträufeln, mit Parmesanspänen und etwas Meersalz bestreuen und servieren.

ARTISCHOCKEN MIT ESTRAGONMAYONNAISE
FÜR 4 PERSONEN ALS VORSPEISE ODER TEIL EINES VORSPEISENTELLERS

4 Artischocken
3 EL frisch gepresster Zitronensaft

FÜR DIE ESTRAGONMAYONNAISE
1 Eigelb
1 EL Estragonessig
½ TL grobkörniger Senf
175 ml natives Olivenöl extra
Meersalz und frisch gemahlener schwarzer
  Pfeffer

Die Artischocken putzen. Dazu zunächst die harten äußeren Blätter entfernen. Die Stiele auf 5 cm Länge kürzen und mit dem Sparschäler schälen. Die harten Spitzen der äußeren Blätter mit der Küchenschere abschneiden und danach die Spitzen der Artischocken mit einem scharfen Messer abschneiden. Die Schnittflächen mit Zitronensaft bepinseln, damit sie sich nicht verfärben. Die Blätter in der Mitte vorsichtig auseinanderziehen und das Heu mit einem Teelöffel herauskratzen.

Die Artischocken in einen Dämpfeinsatz legen und über einem Topf mit kochendem Wasser 30 Minuten dämpfen, bis sie weich sind (gegebenenfalls noch etwas kochendes Wasser nachfüllen). Den Topf anschließend vom Herd nehmen und die Artischocken abkühlen lassen.

Für die Estragonmayonnaise das Eigelb kräftig mit Essig und Senf verrühren. Das Olivenöl teelöffelweise unterschlagen, bis die Mischung dick und cremig ist. Das restliche Olivenöl dann unter Rühren in einem feinen Strahl einlaufen lassen. Die Mayonnaise zum Schluss mit Meersalz und Pfeffer abschmecken.

Die erkalteten Artischocken der Länge nach halbieren und mit einem Löffel Estragonmayonnaise auf Tellern anrichten.

ARTISCHOCKEN AUF RÖMISCHE ART
FÜR 4 PERSONEN ALS VORSPEISE ODER TEIL EINES VORSPEISENTELLERS

3 EL frisch gepresster Zitronensaft
4 Artischocken
1 EL frische Semmelbrösel, geröstet
  (siehe Tipp Seite 73)
1 große Knoblauchzehe, zerdrückt
3 EL fein gehackte Petersilie
3 EL fein gehackte Minze
1½ EL Olivenöl
Meersalz und frisch gemahlener schwarzer
  Pfeffer
3 EL trockener Weißwein

Den Backofen auf 170 °C vorheizen.

Den Zitronensaft in eine große Schüssel mit Wasser gießen und die Artischocken putzen. Zunächst die harten äußeren Blätter entfernen. Die Stiele auf 5 cm Länge kürzen und mit dem Sparschäler schälen. Die harten Spitzen der äußeren Blätter mit der Küchenschere abschneiden und danach die Spitzen der Artischocken mit einem scharfen Messer abschneiden. Die Blätter in der Mitte vorsichtig auseinanderziehen und das Heu mit einem Teelöffel herauskratzen. Die Artischocken sofort in das Zitronenwasser legen, damit sie sich nicht verfärben.

Die Semmelbrösel in einer Schüssel mit Knoblauch, Petersilie, Minze und Olivenöl vermengen und mit Meersalz und Pfeffer würzen. Die Mischung in die Mitte der Artischocken füllen, gut andrücken und die Blätter fest darüber verschließen, damit die Füllung nicht herausfällt.

Die Artischocken mit den Stielen nach oben dicht an dicht in eine hohe Auflaufform schichten, mit Meersalz bestreuen und mit dem Weißwein begießen. Die Form mit einem Deckel verschließen oder mit einem einmal gefalteten Stück Alufolie abdecken (die Folie an den Seiten gut feststecken) und die Artischocken in 90 Minuten im Backofen sehr weich garen. Nach der Hälfte der Garzeit die Garprobe machen und gegebenenfalls noch etwas Wasser angießen, damit die Artischocken nicht verbrennen.

Die Artischocken heiß als Vorspeise oder Beilage oder zimmerwarm auf einem Vorspeisenteller servieren.

PFLAUMENSAUCE
ERGIBT 1 LITER

1 großer grüner Apfel

2 rote Chilischoten, die Samen entfernt
und fein gehackt

1,25 kg feste, reife rotfleischige Pflaumen,
halbiert und entsteint

450 g feiner Rohzucker

375 ml Weißweinessig

1 Zwiebel, gerieben

3 EL Sojasauce

2 EL frischer Ingwer, fein gehackt

2 Knoblauchzehen, zerdrückt

Den Apfel schälen, Kerngehäuse entfernen, hacken und mit 125 ml Wasser in einen großen Topf geben. Den Deckel auflegen und den Apfel bei geringer Hitze in 10 Minuten weich garen.

Die restlichen Zutaten hinzufügen, erneut aufkochen und anschließend 45 Minuten bei geringer Hitze köcheln lassen. Dabei häufig umrühren.

Ein Sieb über einer Schüssel einhängen und die Sauce mit einem Holzkochlöffel durchpassieren (oder die Mischung durch die Gemüsemühle drehen und die festen Bestandteile entfernen).

Den Topf ausspülen, die Sauce wieder hineingießen, aufkochen und 20 Minuten bei mittlerer bis starker Hitze kochen lassen, bis sie etwas eindickt (die Sauce dickt beim Abkühlen noch weiter ein). Sofort in heiße, sterilisierte Gläser (siehe Anmerkung Seite 69) abfüllen und luftdicht verschließen. Die Gläser etikettieren und mit dem Datum versehen.

Die Sauce einen Monat ruhen lassen, damit sie ihr Aroma entfalten kann. An einem kühlen, lichtgeschützten Ort ist sie bis zu zwölf Monate haltbar. Geöffnete Gläser können bis zu sechs Wochen im Kühlschrank aufbewahrt werden.

Die Pflaumensauce passt hervorragend zu Rindfleisch, Spareribs oder chinesischem gegrilltem Schweinefleisch und chinesischer Ente.

Spargel auf andalusische Art

FÜR 4 PERSONEN ALS VORSPEISE ODER BEILAGE

500 g grüner Spargel (etwa 3 Bund)
1 dicke Scheibe knuspriges Landbrot
etwa 3 EL natives Olivenöl extra
2–3 Knoblauchzehen
12 Mandelkerne, blanchiert
1 TL edelsüßes Paprikapulver
1 TL gemahlener Kreuzkümmel
1 EL Rotwein- oder Sherryessig
Meersalz und frisch gemahlener schwarzer
    Pfeffer

Die holzigen Enden der Spargelstangen abschneiden. Das Brot entrinden und in Würfel schneiden.

Das Olivenöl in einer Pfanne erhitzen und das Brot mit Knoblauch und Mandeln darin in 2–3 Minuten bei mittlerer Hitze goldbraun rösten.

Mit einem Schaumlöffel herausheben und in der Küchenmaschine mit Paprikapulver, Kreuzkümmel, Essig, 1 EL Wasser, etwas Meersalz und Pfeffer verrühren.

Die Pfanne wieder erhitzen (gegebenenfalls noch etwas Olivenöl hineingeben) und den Spargel darin in 3–5 Minuten bei mittlerer Hitze gerade weich garen. Die Stangen dabei häufig wenden. Den Spargel auf einer Servierplatte anrichten.

Die Mandelmischung mit 200 ml Wasser in die Pfanne geben und 2–3 Minuten köcheln lassen, bis die Flüssigkeit etwas eingedickt ist. Die Mischung auf dem Spargel verteilen und servieren.

SPARGELTARTE
FÜR 6 PERSONEN

350 g Mehl und Mehl für die Arbeitsfläche
250 g kalte Butter in kleinen Stücken und
   Butter für die Form
etwa 175 ml Eiswasser
1 Ei, verquirlt

FÜR DIE FÜLLUNG
800 g weißer Spargel
30 g Butter
½ TL fein gehackter Thymian
1 Schalotte, gehackt
Meersalz und frisch gemahlener schwarzer
   Pfeffer
60 g gekochter Schinken in Scheiben
80 g Crème double
2 EL geriebener Parmesan
1 Ei
1 Prise frisch geriebene Muskatnuss

Das Mehl in eine große Schüssel sieben. Die Butter mit den Fingerspitzen vorsichtig unter das Mehl kneten, bis ein krümeliger Teig entstanden ist. In die Mitte eine Mulde drücken und das Eiswasser bis auf einen kleinen Rest hineingießen und die Zutaten mit der Klinge eines breiten Messers zu einem groben Teig verarbeiten. Gegebenenfalls noch das restliche Wasser hinzufügen.

Den Teig vorsichtig zu einer Kugel formen und auf der leicht bemehlten Arbeitsfläche zu einem Rechteck ausrollen. Ein Ende zur Mitte hin umschlagen und das andere Ende darüberschlagen. Den Teig dann erneut zu einem Rechteck ausrollen und den Vorgang drei- bis viermal wiederholen. Den Teig anschließend in Frischhaltefolie einschlagen und 45 Minuten im Kühlschrank ruhen lassen.

Inzwischen die Füllung zubereiten. Die holzigen Enden der Spargelstangen abschneiden, den Spargel schälen und dicke Stangen der Länge nach halbieren. Die Butter in einer großen Pfanne zerlassen und den Spargel mit Thymian, Schalotte und 1 EL Wasser darin in 3–4 Minuten bei mittlerer Hitze weich garen. Den Spargel dabei häufig wenden. Mit Meersalz und Pfeffer abschmecken und beiseitestellen.

Den Backofen auf 180 °C vorheizen und eine Tarteform (20 cm Ø) einfetten.

Den Teig zu einer Scheibe (etwa 30 cm Ø) ausrollen, die Form damit auskleiden und den Teig dabei am Rand etwas überstehen lassen. Die Hälfte des Spargels auf dem Boden verteilen, mit den Schinkenscheiben belegen und den restlichen Spargel daraufgeben.

In einer kleinen Schüssel die Crème double mit Parmesan, Ei und Muskat verrühren, kräftig mit Meersalz und Pfeffer abschmecken und über den Spargel gießen.

Den überstehenden Teig über die Füllung schlagen, mit dem verquirlten Ei bestreichen und die Tarte in 25 Minuten goldbraun backen.

Aus dem Ofen nehmen, etwas abkühlen lassen und warm oder zimmerwarm servieren.

DICKE BOHNEN MIT SCHINKEN
FÜR 4–6 PERSONEN

20 g Butter
1 Zwiebel, gehackt
175 g Serrano-Schinken, grob gehackt
  (siehe Tipp)
2 Knoblauchzehen, zerdrückt
1,25 kg Dicke Bohnen, ausgepalt
  (siehe Tipp)
125 ml trockener Weißwein
175 ml Hühnerbrühe
knuspriges Brot (nach Belieben)

Die Butter in einem großen Topf zerlassen und die Zwiebel mit Schinken und Knoblauch darin in 5 Minuten bei mittlerer Hitze weich dünsten.

Die Bohnen hinzufügen, den Wein angießen und das Ganze bei starker Hitze kochen lassen, bis die Flüssigkeit um die Hälfte eingekocht ist. Die Brühe angießen, den Deckel auflegen und die Bohnen 10 Minuten bei geringer Hitze köcheln lassen. Anschließend den Deckel abnehmen und die Bohnen in weiteren 10 Minuten fertig garen.

Heiß als Gemüsebeilage oder warm nach Belieben mit knusprigem Brot als kleine Mahlzeit servieren.

TIPP: Der Serrano-Schinken kann auch durch rohen Schinken, in dicke Scheiben geschnitten, ersetzt werden. Beim Einkauf darauf achten, dass der Schinken nicht trocken und salzig, sondern weich und süß ist und eine schöne rosa Farbe hat.
Verwenden Sie nach Möglichkeit junge, zarte Bohnenkerne. Wenn die Bohnen älter sind, müssen sie meist geschält werden und sind zäher.

OMELETTROULADE MIT DICKEN BOHNEN UND CHICORÉESALAT
FÜR 4–6 PERSONEN

250 g Dicke Bohnen, ausgepalt
Meersalz
4 Eier
4 Eigelb
2 TL fein gehackte Minze
2 TL fein gehacktes Basilikum
frisch gemahlener schwarzer Pfeffer
20 g Butter
80 g Pecorino, gerieben

FÜR DEN SALAT
1 EL fein gehacktes Basilikum
4 EL natives Olivenöl extra
2 EL frisch gepresster Zitronensaft
1½ EL Pinienkerne, geröstet
Meersalz und frisch gemahlener schwarzer
   Pfeffer
2 Salatherzen, geputzt, zerteilt
2 rote Chicoréesprossen, geputzt, zerteilt

In einem Topf Wasser zum Kochen bringen, die Bohnen hineingeben, mit 1 kräftigen Prise Meersalz würzen und 2 Minuten köcheln lassen. Abgießen, in Eiswasser abschrecken, gut abtropfen lassen und schälen.

Den Backofen auf 140 °C vorheizen.

In einer Schüssel die Eier kräftig mit Eigelben, Minze und Basilikum verrühren und mit Meersalz und Pfeffer würzen.

Die Hälfte der Butter bei mittlerer bis starker Hitze in einer beschichteten Pfanne zerlassen, die Hälfte der Eiermischung hineingießen und backen, bis die Eier unten gestockt und oben noch leicht flüssig sind. Die Hälfte des Käses und die Hälfte der Bohnen darauf verteilen.

Das Omelett auf ein Stück Backpapier gleiten lassen und mithilfe des Papiers fest einrollen. Das Backpapier an den Enden zusammendrehen, mit Küchengarn zusammenbinden und die Rolle auf ein Backblech legen.

Auf die gleiche Weise noch ein zweites Omelett zubereiten und einrollen. Die Rollen anschließend 8 Minuten im Backofen backen, danach aus dem Ofen nehmen, 2–3 Minuten ruhen lassen, das Backpapier entfernen und die Rouladen abkühlen lassen.

Inzwischen den Salat zubereiten. Dazu das Basilikum mit Olivenöl, Zitronensaft und 1 EL Pinienkernen im Mixer zu einem glatten Püree verrühren und mit Meersalz und Pfeffer abschmecken.

Die Salat- und die Chicoréeblätter in eine Schüssel geben, 2 EL Dressing darüberträufeln und den Salat durchmischen. Die Rouladen in Scheiben schneiden und auf dem Salat anrichten. Mit dem restlichen Dressing beträufeln, mit den restlichen Pinienkernen bestreuen und servieren.

Pfirsiche mit Amarettifüllung

FÜR 6 PERSONEN

Fett für die Form
60 g Amaretti, zerstoßen
1 Eigelb
2 EL Zucker und Zucker zum Bestreuen
3 EL gemahlene Mandeln
2 TL Amaretto
6 Pfirsiche, halbiert und entsteint
3 EL Weißwein
20 g Butter

Den Backofen auf 160 °C vorheizen und eine große Auflauf-form leicht einfetten.

Die Amaretti mit Eigelb, Zucker, den gemahlenen Mandeln und dem Amaretto vermengen.

Die Pfirsiche mit der Mischung füllen und mit der Schnittfläche nach oben in die Form setzen. Mit dem Wein beträufeln und mit etwas Zucker bestreuen. Mit Butterflöck-chen belegen, 20–25 Minuten goldbraun überbacken und warm servieren.

VARIANTE: Während der Saison reife Aprikosen oder Nektarinen anstelle der Pfirsiche nehmen.

Pfirsich-Karamell-Kuchen
Für 10–12 Personen

Fett für die Form
250 g weiche Butter
4 EL feiner Rohzucker
675 g Pfirsiche, halbiert und entsteint
225 g Zucker
abgeriebene Schale von 1 unbehandelten
  Zitrone
3 Eier
300 g Mehl, gesiebt
2½ TL Backpulver
250 g Joghurt
1 EL frisch gepresster Zitronensaft

Den Backofen auf 160 °C vorheizen. Eine hohe, runde Kuchenform (23 cm Ø) einfetten und den Boden mit Backpapier auslegen.

50 g Butter zerlassen, auf den Boden der Form gießen, den Rohzucker darüberstreuen und die Pfirsichhälften mit der Schnittfläche nach oben darauf verteilen.

In einer Schüssel den Zucker, die Zitronenschale und die restliche Butter in 5–6 Minuten mit dem Handmixer schaumig schlagen. Nacheinander die Eier sorgfältig unterrühren (die Mischung wird dabei etwas gerinnen).

Mit einem Metalllöffel zunächst die Hälfte des Mehls mit dem Backpulver und danach die Hälfte des Joghurts unterrühren. Den Zitronensaft hinzufügen und danach das restliche Mehl und den restlichen Joghurt untermischen. Den Teig auf den Pfirsichen verteilen und glatt streichen.

Den Kuchen 1 Stunde backen. Am Ende der Backzeit prüfen, ob der Kuchen gar ist. Dazu den Kuchen in der Mitte mit einem Holzspieß einstechen. Haftet nach dem Herausziehen kein Teig daran, ist der Kuchen fertig. Die Form aus dem Ofen nehmen, den Kuchen 30 Minuten in der Form abkühlen lassen und danach auf eine Servierplatte stürzen.

Den Pfirsich-Karamell-Kuchen genießt man am besten frisch.

PFIRSICH KARDINAL
FÜR 4 PERSONEN

4 große Pfirsiche
300 g Himbeeren
3–4 EL Puderzucker und Puderzucker
zum Bestäuben

Sehr reife Pfirsiche in einer Schüssel mit kochendem Wasser übergießen, 1 Minute ruhen lassen, abgießen und schälen. Bei weniger reifen Früchten 2 EL Zucker in einem Topf mit Wasser auflösen, die Pfirsiche hineingeben, den Deckel auflegen und die Pfirsiche 5–10 Minuten bei geringer Hitze pochieren, bis sie weich sind. Anschließend abgießen und schälen.

Die Pfirsiche abkühlen lassen, halbieren und die Kerne entfernen. Jeweils 2 Hälften auf vier Gläser verteilen.

Die Himbeeren im Mixer pürieren und danach durch ein Sieb passieren, um die Kerne zu entfernen.

Den Puderzucker über das Himbeerpüree sieben und sorgfältig umrühren. Die Pfirsiche mit dem Püree beträufeln, abdecken und gut kühlen. Vor dem Servieren mit Puderzucker bestäuben.

APRIKOSENKOMPOTT
FÜR 4–6 PERSONEN

1 unbehandelte Orange
1 unbehandelte Zitrone
1 kleine Vanilleschote, aufgeritzt
100 g Zucker
1 kg feste, reife Aprikosen, halbiert und
entsteint
1–2 EL feiner Zucker (nach Belieben)

Von der Orange und der Zitrone jeweils einen 5 cm langen Streifen Schale dünn abschälen und die Früchte auspressen.

In einem Topf die Zitrusschale mit Vanilleschote, Zucker und 750 ml Wasser aufkochen und 5 Minuten sprudelnd kochen lassen.

Die Aprikosen in einen breiten Topf geben und den heißen Sirup darübergießen. Langsam aufkochen und danach 3–4 Minuten bei geringer Hitze köcheln lassen, bis die Aprikosen weich sind. Dabei darauf achten, dass die Früchte nicht zu lange kochen. Die Aprikosen anschließend mit einem Schaumlöffel herausheben und in eine Schüssel geben.

Den Sirup 10 Minuten kochen lassen, bis er eingedickt ist. Den Topf vom Herd nehmen, den Sirup etwas abkühlen lassen und dann 1 EL Zitronensaft und den Saft der Orange unterrühren. Den Sirup nach Belieben mit feinem Zucker etwas nachsüßen und über die Aprikosen gießen.

Das Aprikosenkompott warm oder zimmerwarm servieren.

BLÄTTERTEIGTÖRTCHEN MIT NEKTARINEN

ERGIBT 8 STÜCK

2 Platten tiefgekühlter Blätterteig,
   aufgetaut
50 g weiche Butter
50 g gemahlene Mandeln
½ TL natürlicher Vanilleextrakt
5 große Nektarinen
3 EL Zucker
100 g Aprikosen- oder Pfirsichkonfitüre,
   erwärmt und durch ein Sieb passiert

Den Backofen auf 180 °C vorheizen und zwei Backbleche mit Backpapier auslegen.

Aus dem Teig acht Kreise (à etwa 12 cm Ø) ausstechen und auf den Blechen verteilen.

In einer Schüssel die Butter mit den Mandeln und dem Vanilleextrakt zu einer Paste vermengen und die Teigscheiben gleichmäßig damit bestreichen. Dabei einen 1,5 cm breiten Rand frei lassen.

Die Nektarinen halbieren, die Kerne entfernen und das Fruchtfleisch in etwa 5 mm dicke Scheiben schneiden. Die Scheiben fächerförmig auf den Teigkreisen anordnen und einen schmalen Rand frei lassen. Die Nektarinen zum Schluss mit Zucker bestreuen.

Die Törtchen 15 Minuten backen, bis der Teig aufgegangen und leicht gebräunt ist und der Zucker Blasen wirft. Aus dem Ofen nehmen und die Früchte und den Teig mit der warmen Konfitüre bestreichen.

Heiß oder zimmerwarm servieren.

CLAFOUTIS MIT KIRSCHEN

FÜR 6–8 PERSONEN

30 g Butter, zerlassen
500 g Kirschen, entsteint
60 g Mehl
½ TL Backpulver
4 TL Zucker
2 Eier, verquirlt
250 ml Milch
Puderzucker zum Bestäuben

Den Backofen auf 160 °C vorheizen und eine flache Glas- oder Keramikform (23 cm Ø) mit etwas zerlassener Butter einfetten.

Die Kirschen in einer Schicht in der Form verteilen.

Das Mehl mit dem Backpulver in eine Schüssel sieben, den Zucker hinzufügen und in die Mitte eine Mulde drücken. Die Eier mit der Milch und der restlichen Butter verrühren und nach und nach unter Rühren in die Mulde gießen, bis ein homogener Teig entstanden ist. Den Teig nicht zu lange rühren, sonst wird er zäh.

Den Teig über die Kirschen gießen und den Clafoutis 40 Minuten backen.

Anschließend aus dem Ofen nehmen, großzügig mit Puderzucker bestäuben und sofort servieren.

KIRSCHPIE
FÜR 6 PERSONEN

FÜR DEN MÜRBETEIG
250 g Mehl und Mehl für die Arbeitsfläche
100 g Puderzucker
1 Prise Meersalz
125 g Butter in kleinen Stücken
1 Eigelb, mit 1½ EL Eiswasser verquirlt

1 kg Kirschen, entsteint
100 g feiner Rohzucker
1½ TL gemahlener Zimt
1–2 Tropfen natürliches Mandelextrakt
abgeriebene Schale von ½ unbehandelten
   Zitrone
abgeriebene Schale von ½ unbehandelten
   Orange
3 EL gemahlene Mandeln
1 Ei, verquirlt

Für den Teig das Mehl mit dem Puderzucker und dem Meersalz in eine große Schüssel sieben. Mit den Fingerspitzen die Butter mit dem Mehl zu einem krümeligen Teig verkneten. In die Mitte eine Mulde drücken, das verquirlte Ei hineingießen und die Zutaten mit der Klinge eines breiten Messers grob zu einem Teig verarbeiten. Den Teig vorsichtig zu einer Kugel formen und auf der leicht bemehlten Arbeitsfläche zu einer Scheibe flach drücken. In Frischhaltefolie einschlagen und 30 Minuten im Kühlschrank ruhen lassen, bis er fest ist.

Zwei Drittel des Teigs zwischen Backpapier zu einer Scheibe ausrollen (die Scheibe sollte so groß sein, dass man damit eine Form mit 22 cm Ø und einem 2 cm hohen Rand auskleiden kann). Das obere Backpapier abnehmen und den Teig in die Form stürzen. Überstehenden Teig mit einem kleinen, scharfen Messer abschneiden. Für den Deckel den restlichen Teig zu einer etwas kleineren Scheibe ausrollen. Den Teigdeckel und die ausgekleidete Form mit Frischhaltefolie abdecken und 20 Minuten in den Kühlschrank stellen.

Inzwischen den Backofen auf 170 °C vorheizen.

In einer Schüssel die Kirschen sorgfältig mit Zucker, Zimt, Mandelextrakt, Zitronen- und Orangenschale vermengen.

Den Teigboden gleichmäßig mit den gemahlenen Mandeln bestreuen.

Die Kirschen einfüllen und die Teigränder mit etwas verquirltem Ei bepinseln. Den Teigdeckel auflegen und gut andrücken. Den Teigdeckel an vier Stellen einschneiden, damit der Dampf entweichen kann, und mit dem übrigen verquirlten Ei bestreichen.

Die Pie 1 Stunde backen, bis der Teig goldbraun ist und die Füllung Blasen wirft. Aus dem Ofen nehmen, etwas abkühlen lassen und warm servieren.

Die Kirschpie genießt man am besten frisch.

KIRSCHSTRUDEL MIT FRISCHKÄSE

FÜR 8 PERSONEN

Fett für das Backblech
250 g zimmerwarmer Doppelrahmfrisch-
　käse
100 g Sahne
1 EL Brandy oder Cherry-Brandy
1 TL natürlicher Vanilleextrakt
100 g Zucker
4 EL Paniermehl
4 EL gemahlene Mandeln
10 Blätter Filoteig
80 g Butter, zerlassen
425 g Kirschen, entsteint
Puderzucker zum Bestäuben

Den Backofen auf 180 °C vorheizen und ein großes Backblech leicht einfetten.

Den Frischkäse mit Sahne, Brandy, Vanilleextrakt und 3 EL Zucker in eine Schüssel geben und mit dem Handmixer zu einer glatten Creme verrühren.

In einer zweiten Schüssel das Paniermehl mit den Mandeln und dem restlichen Zucker mischen.

Ein Teigblatt auf die Arbeitsfläche legen, die restlichen Blätter mit einem feuchten Geschirrtuch abdecken, damit sie nicht austrocknen. Den Teig mit etwas zerlassener Butter bepinseln und mit der Paniermehlmischung bestreuen. Ein zweites Teigblatt darauflegen, mit Butter bepinseln und mit Paniermehl bestreuen. Den Vorgang so lange wiederholen, bis alle Teigblätter aufgebraucht sind.

Die Frischkäsecreme gleichmäßig auf dem Teig verstreichen und rundherum einen 4 cm breiten Rand frei lassen. Die Kirschen auf der Creme verteilen und den Teigrand mit etwas zerlassener Butter bepinseln.

Den Teig von der langen Seite her fest einrollen und dabei die Seiten einschlagen. Den Strudel mit der Naht nach unten auf das Backblech legen und mit der restlichen Butter bepinseln.

Den Strudel 10 Minuten backen. Die Ofentemperatur dann auf 160 °C herunterschalten und den Strudel in weiteren 30 Minuten goldbraun und knusprig backen.

Aus dem Ofen nehmen und einige Minuten auf einem Kuchengitter abkühlen lassen.

Vor dem Servieren mit Puderzucker bestäuben und mit einem scharfen gezahnten Messer in Scheiben schneiden. Warm servieren.

Der Kirschstrudel schmeckt am besten frisch.

QUITTENPASTE
ERGIBT ETWA 1 KILOGRAMM

3 große Quitten
etwa 800 g Zucker

Die Quitten waschen, in einen Topf geben und mit Wasser bedecken. Aufkochen lassen und danach 30 Minuten bei geringer Hitze weich garen. Abgießen und etwas abkühlen lassen. Die Quitten anschließend schälen, von den Kerngehäusen befreien und durch ein Sieb streichen oder durch die Kartoffelpresse drücken. Die festen Bestandteile entfernen.

Das Quittenmus abwiegen und in einen Topf füllen. Die gleiche Menge Zucker abwiegen und zu den Quitten geben. Die Mischung 3½–4½ Stunden bei geringer Hitze köcheln lassen, bis sie sehr dick ist. Dabei gelegentlich umrühren und darauf achten, dass die Mischung nicht anbrennt. Den Topf danach vom Herd nehmen und die Quittenpaste etwas abkühlen lassen.

Eine große, rechteckige Kuchen- oder Auflaufform mit Frischhaltefolie auskleiden. Die Quittenpaste hineingießen und vollständig abkühlen lassen.

In einem luftdicht verschlossenen Behälter ist die Quittenpaste im Kühlschrank mehrere Monate haltbar. Sie passt ausgezeichnet zu Käse und Crackern oder zu Wild, vor allem zu Fasan.

Cobbler mit Pflaumen
Für 6 Personen

750 g Pflaumen
4 EL Zucker
1 TL natürlicher Vanilleextrakt
Schlagsahne zum Servieren
  (nach Belieben)

Für den Teig
125 g Mehl und Mehl für die Arbeitsfläche
1 TL Backpulver
60 g kalte Butter in kleinen Stücken
3 EL feiner Rohzucker
etwa 3 EL Milch
1 EL Zucker
Puderzucker zum Bestäuben

Den Backofen auf 180 °C vorheizen.

Die Pflaumen vierteln, entsteinen und mit dem Zucker und 2 EL Wasser unter Rühren in einem Topf aufkochen lassen. Den Deckel auflegen und die Pflaumen in 2 Minuten bei geringer Hitze weich kochen (manche Sorten brauchen etwas länger, bei anderen geht es etwas schneller). Die Schalen gegebenenfalls entfernen und Vanilleextrakt hinzufügen. Die Pflaumen dann in eine große Auflaufform füllen.

Für den Teig das Mehl mit dem Backpulver mischen, in eine große Schüssel sieben und die Butter mit den Fingerspitzen unterkneten, bis ein krümeliger Teig entstanden ist. Den Rohzucker untermischen, 2 EL Milch hinzufügen und die Zutaten mit der Klinge eines breiten Messers zu einem weichen Teig verarbeiten (gegebenenfalls noch etwas Milch hinzufügen).

Den Teig auf der leicht bemehlten Arbeitsfläche zu einer glatten Kugel formen, anschließend 1 cm dick ausrollen und Kreise (à etwa 4 cm Ø) daraus ausstechen.

Die Teigscheiben fächerförmig rund um den Rand der Form verteilen, mit der restlichen Milch bepinseln und mit dem Zucker bestreuen.

Die Form auf ein Backblech stellen und den Cobbler in 30 Minuten goldbraun backen.

Mit Puderzucker bestäuben und heiß oder zimmerwarm nach Belieben mit Schlagsahne servieren.

MUFFINS MIT FRISCHKÄSE UND ERDBEEREN
ERGIBT 6 STÜCK

Fett für die Form
100 g Zucker
4 EL zimmerwarmer Doppelrahmfrischkäse
250 g Erdbeeren, entstielt
1 EL Erdbeer- oder Orangenlikör
175 g Mehl
1 EL Backpulver
abgeriebene Schale von ½ unbehandelten
   Orange
½ TL Meersalz
20 g Butter, zerlassen
1 Ei
125 ml Milch
Puderzucker zum Bestäuben

Den Backofen auf 160 °C vorheizen und eine beschichtete Muffinform mit sechs Vertiefungen leicht einfetten.

In einer Schüssel die Hälfte des Zuckers sorgfältig mit dem Frischkäse verrühren und beiseitestellen.

6 kleine Erdbeeren beiseitelegen. Die restlichen Beeren im Mixer mit dem Likör und dem restlichen Zucker zu einer glatten Sauce verrühren. Die Sauce anschließend durch ein Sieb passieren, um die Kerne zu entfernen. Die Erdbeersauce beiseitestellen.

Das Mehl mit dem Backpulver in eine große Schüssel sieben und die Orangenschale und das Meersalz untermischen. In einer zweiten Schüssel die Butter kräftig mit dem Ei und der Milch verrühren. Die Mischung zum Mehl geben und die Zutaten kurz miteinander verrühren. Nicht zu lange rühren, sonst werden die Muffins zäh.

Die Hälfte des Teigs auf die Muffinförmchen verteilen, jeweils 1 Erdbeere und 1 TL Frischkäse daraufsetzen. Den restlichen Teig darauf verteilen und die Muffins in 15 Minuten goldbraun backen. Am Ende der Backzeit prüfen, ob die Muffins gar sind. Dazu die Muffins in der Mitte mit einem Holzspieß einstechen. Haftet nach dem Herausziehen kein Teig daran, sind sie fertig.

Die Muffins aus der Form stürzen und etwas abkühlen lassen. Vor dem Servieren mit Puderzucker bestäuben und mit der Erdbeersauce beträufeln.

ERDBEERTARTE MIT MASCARPONE
FÜR 6 PERSONEN

175 g Mehl und Mehl für die Arbeitsfläche
1 Prise Meersalz
125 g kalte Butter in kleinen Stücken und
    Butter für die Form
4 EL Eiswasser
500 g Erdbeeren, entstielt und halbiert
2 TL natürlicher Vanilleextrakt
50 ml Drambuie, Cointreau oder Grand
    Marnier
4 EL feiner Rohzucker
250 g Mascarpone
300 g Crème double
abgeriebene Schale von 1 unbehandelten
    Orange

Das Mehl mit dem Meersalz in eine große Schüssel sieben. Mit den Fingerspitzen die Butter mit dem Mehl zu einem krümeligen Teig verkneten. In die Mitte eine Mulde drücken, das Eiswasser bis auf einen kleinen Rest hineingießen und die Zutaten mit der Klinge eines breiten Messers grob zu einem Teig verarbeiten. Den Teig vorsichtig zu einer Kugel formen und auf der leicht bemehlten Arbeitsfläche zu einer Scheibe flach drücken. In Frischhaltefolie einschlagen und 30 Minuten im Kühlschrank ruhen lassen, bis er fest ist.

Den Teig zwischen Backpapier zu einer Scheibe ausrollen und eine leicht eingefettete Tarteform damit auskleiden. Überstehenden Teig mit einem kleinen, scharfen Messer abschneiden. Die Form dann 15 Minuten in den Kühlschrank stellen.

Inzwischen den Backofen auf 180 °C vorheizen und ein Backblech zum Vorwärmen hineinschieben.

Den Tarteboden mit Backpapier abdecken und mit getrockneten Hülsenfrüchten oder rohem Reis beschweren. 15 Minuten blindbacken, anschließend das Backpapier und Hülsenfrüchte oder Reis entfernen und den Boden in weiteren 10–15 Minuten goldbraun backen. Aus dem Ofen nehmen und vollständig auskühlen lassen.

In einer Schüssel die Erdbeeren mit Vanilleextrakt, Likör und 1 EL Rohzucker mischen. In einer zweiten Schüssel den Mascarpone mit Crème double, Orangenschale und dem restlichen Zucker verrühren. Beide Schüsseln zudecken und 30 Minuten in den Kühlschrank stellen. Die Erdbeeren ein- bis zweimal vorsichtig durchrühren.

Die Hälfte der Mascarponecreme aufschlagen und gleichmäßig auf dem Tarteboden verstreichen. Die Erdbeeren abgießen – dabei den Saft auffangen – und auf der Tarte verteilen.

Die Tarte aufschneiden, mit etwas Erdbeersaft beträufeln und mit der restlichen Mascarponecreme servieren.

ERDBEEREN MIT BALSAMICO-ESSIG
FÜR 4–6 PERSONEN

750 g kleine, reife Erdbeeren
3 EL Zucker
2 EL guter Balsamico-Essig
Mascarpone zum Servieren

Die Erdbeeren mit einem feuchten Tuch säubern und entstielen. Größere Früchte der Länge nach halbieren.

Die Erdbeeren in eine Glasschüssel füllen, mit dem Zucker bestreuen und vorsichtig durchrühren, bis die Beeren mit dem Zucker überzogen sind. Mit Frischhaltefolie abdecken und 30 Minuten durchziehen lassen. Die Erdbeeren mit dem Essig beträufeln, vorsichtig durchrühren, zudecken und für 30 Minuten in den Kühlschrank stellen.

Die Erdbeeren auf Portionsgläser verteilen, mit dem Sirup beträufeln und mit einem Klecks Mascarpone servieren.

WASSERMELONEN-GRANITA
FÜR 4 PERSONEN

450 g Wassermelone, geschält und die
   Kerne entfernt
1 EL Zucker
½ TL frisch gepresster Zitronensaft

Das Fruchtfleisch der Wassermelone im Mixer pürieren oder fein hacken und durch ein Sieb streichen.

Den Zucker mit dem Zitronensaft und 75 ml Wasser in eine kleine Kasserolle geben und 4 Minuten bei geringer bis mittlerer Hitze unter Rühren erhitzen, bis sich der Zucker aufgelöst hat. Den Topf vom Herd nehmen und die pürierte Wassermelone unterrühren.

Die Mischung in eine hohe Keramik- oder Glasform füllen, mit Frischhaltefolie abdecken und in die Gefriertruhe stellen. Alle 30 Minuten mit einer Gabel durchrühren, um die Eiskristalle aufzubrechen.

Die Granita vor dem Servieren noch einmal mit einer Gabel durchrühren.

Die Granita kann bis zu fünf Tage in der Gefriertruhe aufbewahrt werden.

FEIGEN IN HONIGSIRUP
FÜR 4–6 PERSONEN

12 frische Feigen
100 g Mandelkerne, blanchiert und leicht geröstet
100 g Zucker
4 EL Honig
2 EL frisch gepresster Zitronensaft
1 Zeste (etwa 6 cm) von 1 unbehandelten Zitrone
1 Zimtstange
250 g griechischer Joghurt

Die Stiele der Feigen abschneiden, die Früchte oben kreuzweise einschneiden (etwa 5 mm tief) und in die Einschnitte jeweils 1 Mandel stecken.

750 ml Wasser in eine große Kasserolle gießen, den Zucker hinzufügen und bei mittlerer Hitze unter Rühren erhitzen, bis er sich aufgelöst hat. Die Wärmezufuhr dann erhöhen und die Mischung aufkochen lassen.

Honig, Zitronensaft, Zitronenzeste und die Zimtstange hinzufügen, die Feigen hineinsetzen und 10 Minuten bei mittlerer Hitze köcheln lassen. Mit einem Schaumlöffel herausheben und auf einer Servierplatte anrichten.

Die Kochflüssigkeit 15–20 Minuten bei starker Hitze zu einem dicken Sirup einkochen lassen. Danach die Zimtstange und die Zitronenschale entfernen, den Sirup etwas abkühlen lassen und über die Feigen gießen.

Die restlichen Mandeln grob hacken, die Feigen damit bestreuen und warm oder kalt mit Joghurt servieren.

SHORTCAKE MIT FEIGEN UND HIMBEEREN
FÜR 6 PERSONEN

175 g weiche Butter und Butter
    für die Form
175 g feiner Zucker
1 Ei
1 Eigelb
325 g Mehl
1 TL Backpulver
1 Prise Meersalz
4 Feigen, geviertelt
200 g Himbeeren
abgeriebene Schale von
    1 unbehandelten Orange
2 EL Zucker
Schlagsahne oder Mascarpone
    zum Servieren

In einer Schüssel Butter und feinen Zucker mit dem Handmixer schaumig schlagen. Anschließend das Ei und das Eigelb unterschlagen.

Das Mehl mit dem Backpulver und Meersalz in die Schüssel sieben und vorsichtig mit der Buttermischung vermengen. Den Teig mit Frischhaltefolie abdecken und 15 Minuten im Kühlschrank ruhen lassen, bis er so fest ist, dass man ihn ausrollen kann.

Inzwischen den Backofen auf 160 °C vorheizen und eine Springform (23 cm Ø) leicht einfetten.

Den Teig in zwei Portionen teilen. Eine Portion in der Größe der Springform ausrollen, den Boden der Form damit auslegen, die Feigen und die Himbeeren darauf verteilen und mit der abgeriebenen Orangenschale bestreuen.

Den restlichen Teig in der gleichen Größe ausrollen, auf die Füllung legen, mit etwas Wasser bepinseln und mit dem Zucker bestreuen.

Den Shortcake in 25 Minuten goldbraun backen, aus dem Ofen nehmen und etwas abkühlen lassen. Warm oder zimmerwarm mit Schlagsahne oder Mascarpone servieren.

TRIFLE MIT AMARETTI, BIRNEN UND HIMBEEREN
FÜR 4 PERSONEN

175 g Zucker
2 feste, reife Birnen (z. B. Packham oder
  Williams), geschält, halbiert und die
  Kerngehäuse entfernt
2 TL Kaffeepulver
1 EL Marsala
16 Amaretti, grob zerkleinert
2 EL frisch gepresster Orangensaft
200 g Himbeeren
Vanilleeis zum Servieren

FÜR DIE VANILLESAUCE
425 ml fettarme Milch
2 EL Zucker
1 TL natürlicher Vanilleextrakt
2½ EL Vanillepuddingpulver

Den Zucker mit 375 ml Wasser in eine Kasserolle geben und langsam zum Kochen bringen, bis sich der Zucker aufgelöst hat. Dabei gelegentlich umrühren. Die Birnen hinzufügen und in 10 Minuten bei geringer bis mittlerer Hitze weich garen. Anschließend gut abtropfen lassen und beiseitestellen.

Für die Vanillesauce die Milch mit dem Zucker und dem Vanilleextrakt in einer Kasserolle bei geringer Hitze erhitzen, bis sie fast kocht. Dabei gelegentlich umrühren. Das Puddingpulver mit 2 EL Wasser anrühren, in die Milch rühren und so lange weiterrühren, bis die Sauce eindickt. Den Topf vom Herd nehmen und ein Stück Frischhaltefolie direkt auf die Sauce legen, damit sich keine Haut bildet. Die Sauce dann abkühlen lassen.

In einer kleinen Schüssel das Kaffeepulver unter Rühren im Marsala auflösen.

Die Amaretti in einer großen Schüssel mit dem Orangensaft verrühren. Die Hälfte der Keksmischung auf vier Gläser verteilen, mit dem Marsala beträufeln und mit einem Drittel der Himbeeren belegen.

Die Birnen grob hacken, die Hälfte der Birnen auf die Gläser verteilen und die Hälfte der Vanillesauce darübergießen.

Den Vorgang noch einmal wiederholen und mit einer Schicht Himbeeren abschließen.

Die Desserts 10 Minuten in den Kühlschrank stellen oder sofort mit einer Kugel Vanilleeis servieren.

Cheesecake mit Heidelbeeren
FÜR 8–10 PERSONEN

Fett für die Form
125 g Butter
100 g Haferflocken
100 g Weizenkekse, fein zerkleinert
2 EL feiner Rohzucker
250 g Heidelbeeren
250 g Heidelbeerkonfitüre
3 EL Cherry-Brandy

FÜR DIE FÜLLUNG
375 g zimmerwarmer Doppelrahm-
    frischkäse
100 g Ricotta
4 EL Zucker
125 g Sauerrahm
2 Eier
abgeriebene Schale von 1 unbehandelten
    Orange
1 EL Mehl

Eine Springform (20 cm Ø) einfetten und den Boden mit Backpapier auslegen.

Die Butter in einer Kasserolle zerlassen, die Haferflocken,
die zerkrümelten Kekse und danach den Rohzucker unterrühren.

Die Hälfte der Mischung gut auf dem Boden der Form
andrücken, den Rest mithilfe eines Glases an den Wänden
der Form andrücken (die Wände dabei nur zu drei Viertel mit
Teig bedecken). Die Form 10–15 Minuten in den Kühlschrank
stellen.

Inzwischen den Backofen auf 160 °C vorheizen.

Für die Füllung den Frischkäse mit Ricotta, Zucker und
Sauerrahm in eine Schüssel geben und mit dem Handmixer
zu einer glatten Creme verrühren. Anschließend die Eier, die
Orangenschale und das Mehl unterrühren.

Die Kuchenform auf ein Backblech stellen, die Creme
einfüllen und den Kuchen 40–45 Minuten backen, bis die Füllung gerade fest ist. Den Kuchen aus dem Ofen nehmen und in
der Form abkühlen lassen.

Die Heidelbeeren auf dem Kuchen verteilen.

Die Konfitüre und den Cherry-Brandy bei geringer Hitze
in einer kleinen Kasserolle verflüssigen, 1–2 Minuten köcheln
lassen und anschließend durch ein Sieb streichen. Etwas abkühlen lassen und die Heidelbeeren damit bestreichen.

Den Cheesecake vor dem Servieren einige Stunden oder
über Nacht kalt stellen.

BEEREN IN CHAMPAGNERGELEE
FÜR 8 PERSONEN

1 l Champagner oder moussierender
  Weißwein
1½ EL gemahlene Gelatine
225 g Zucker
4 Zesten von 1 unbehandelten Zitrone
4 Zesten von 1 unbehandelten Orange
250 g kleine Erdbeeren, entstielt und
  halbiert
250 g Heidelbeeren

500 ml Champagner oder Wein in eine Schüssel gießen und warten, bis er nicht mehr moussiert. Die Gelatine gleichmäßig darüberstreuen und 5 Minuten ruhen lassen, bis sie weich ist.

Restlichen Champagner oder Wein in einen weiten Topf gießen, Zucker und Zitronen- und Orangenzeste hinzufügen und 3 Minuten unter Rühren erhitzen, bis sich der Zucker aufgelöst hat.

Vom Herd nehmen, Champagner oder Wein mit der Gelatine in den Topf gießen und so lange rühren, bis sich die Gelatine aufgelöst hat. Abkühlen lassen und die Zitrusschalen entfernen.

Die Beeren auf acht kleine Wein- oder Martinigläser verteilen und mit dem Gelee übergießen. Mindestens 6 Stunden oder über Nacht in den Kühlschrank stellen, bis das Gelee fest ist.

Etwa 15 Minuten vor dem Servieren aus dem Kühlschrank nehmen.

HIMBEERKONFITÜRE
ERGIBT 6 GLÄSER À 250 GRAMM

1,5 kg Himbeeren
4 EL frisch gepresster Zitronensaft
1,5 kg Zucker

Die Himbeeren mit dem Zitronensaft in einen Topf geben und 10 Minuten bei geringer Hitze köcheln lassen. Dabei gelegentlich umrühren.

Inzwischen den Zucker in einer großen Auflaufform verteilen und 10 Minuten im 100 °C heißen Backofen erhitzen. Gelegentlich umrühren.

Den Zucker zu den Himbeeren geben und das Ganze 5 Minuten unter Rühren erhitzen (aber nicht zum Kochen kommen lassen), bis sich der Zucker vollständig aufgelöst hat.

Zwei kleine Teller in die Gefriertruhe stellen.

Die Konfitüre aufkochen, 20 Minuten kochen lassen und danach prüfen, ob die Konfitüre bereits ausreichend gekocht ist. Dazu etwas heiße Konfitüre auf einen eisgekühlten Teller geben. Ist sie ausreichend gekocht, bildet sich auf der Oberfläche eine Haut und ein Löffel hinterlässt eine deutliche Spur, wenn man damit durch die Konfitüre fährt. Ist dies nicht der Fall, weiterkochen und erneut die Probe machen. Das kann bis zu 40 Minuten dauern.

Die fertige Konfitüre 5 Minuten abkühlen lassen, abschäumen und in heiße, sterilisierte Gläser (siehe Anmerkung Seite 69) abfüllen. Vollständig auskühlen lassen, die Gläser etikettieren und mit dem Datum versehen.

An einem kühlen, lichtgeschützten Ort ist die Konfitüre zehn bis zwölf Monate haltbar. Geöffnete Gläser können bis zu vier Wochen im Kühlschrank aufbewahrt werden.

CRUMBLE MIT RHABARBER UND BROMBEEREN
FÜR 4 PERSONEN

Fett für die Form
850 g Rhabarber, in 2,5 cm lange Stücke
   geschnitten
150 g Brombeeren
abgeriebene Schale von ½ unbehandelten
   Orange
etwa 225 g Zucker
125 g Mehl
100 g gemahlene Mandeln
½ TL gemahlener Ingwer
150 g kalte Butter in kleinen Stücken
Schlagsahne oder Eiscreme
   (nach Belieben)

Den Backofen auf 160 °C vorheizen und eine mittlere, hohe Auflaufform einfetten.

Den Rhabarber mit 2½ EL Wasser in eine große Kasserolle geben, den Deckel auflegen und den Rhabarber in 15 Minuten bei mittlerer Hitze weich garen. Den Topf dabei gelegentlich rütteln. Anschließend vom Herd nehmen, die Brombeeren, die Orangenschale und 4 EL Zucker hinzufügen, abschmecken und gegebenenfalls noch etwas nachsüßen. Den Rhabarber dann in die Form füllen.

Das Mehl in eine Schüssel sieben und mit den gemahlenen Mandeln, dem Ingwer und dem restlichen Zucker mischen. Mit den Fingerspitzen die Butter mit dem Mehl zu einem krümeligen Teig verkneten, über die Früchte streuen und etwas andrücken (nicht zu stark drücken, damit die Streusel schön locker werden).

Die Form auf ein Backblech stellen und den Crumble 25–30 Minuten backen, bis er oben goldbraun ist und die Früchte kochen.

Aus dem Ofen nehmen und 5 Minuten abkühlen lassen. Heiß oder warm mit Sahne oder Eiscreme servieren.

VARIANTE: Ersetzen Sie die Brombeeren durch Himbeeren oder Heidelbeeren.

BROMBEERPIE

250 g Mehl und Mehl für die Arbeitsfläche
100 g Puderzucker
1 Prise Meersalz
125 g kalte Butter in kleinen Stücken und
   Butter für die Form
1 Eigelb, mit 1½ EL Eiswasser verquirlt
500 g Brombeeren
150 g Zucker und Zucker zum Bestreuen
2 EL Maisstärke
Milch zum Bestreichen
1 Ei, verquirlt

Das Mehl mit dem Puderzucker und Meersalz in eine große Schüssel sieben. Mit den Fingerspitzen die Butter mit dem Mehl zu einem krümeligen Teig verkneten. In die Mitte eine Mulde drücken, das verquirlte Eigelb hineingießen und die Zutaten mit der Klinge eines breiten Messers grob zu einem Teig verarbeiten. Den Teig vorsichtig zu einer Kugel formen und auf der leicht bemehlten Arbeitsfläche zu einer Scheibe flach drücken. In Frischhaltefolie einschlagen und 30 Minuten im Kühlschrank ruhen lassen, bis er fest ist.

Inzwischen den Backofen auf 180 °C vorheizen und eine Tarteform (20 cm Ø) einfetten.

Zwei Drittel des Teigs zwischen Backpapier zu einer Scheibe ausrollen (die Scheibe muss so groß sein, dass man den Boden und die Wände der Form damit auskleiden kann), die Form damit auskleiden und überstehenden Teig mit einem kleinen, scharfen Messer abschneiden.

In einer Schüssel die Brombeeren mit dem Zucker und der Maisstärke vermengen und auf dem Teigboden verteilen.

Für den Deckel den restlichen Teig zwischen Backpapier in der Größe der Form ausrollen. Die Ränder des Teigbodens mit Milch bepinseln, den Teigdeckel auflegen und gut andrücken. Mit dem verquirlten Ei bepinseln, mit Zucker bestreuen und den Deckel mehrfach mit einem Messer einstechen.

Die Pie 10 Minuten auf der untersten Schiene des Backofens backen. Die Ofentemperatur auf 160 °C herunterschalten, die Form auf der mittleren Schiene einschieben und die Pie weitere 30 Minuten backen, bis sie oben leicht gebräunt ist. Anschließend aus dem Ofen nehmen und vor dem Servieren etwas abkühlen lassen.

TRAUBEN-ROSINEN-WÄHE
FÜR 6–8 PERSONEN

100 g Rosinen
100 ml Marsala
150 ml Milch
100 g Zucker
2 TL Trockenhefe
etwa 300 g Mehl und Mehl für die
   Arbeitsfläche und zum Bestäuben
1 Prise Meersalz
Öl für die Schüssel
400 g kernlose blaue Weintrauben

Die Rosinen in einer kleinen Schüssel im Marsala einweichen.

Die Milch erwärmen und in eine kleine Schüssel gießen. 1 TL Zucker einrühren, die Hefe einstreuen und 10 Minuten an einem vor Zugluft geschützten Platz gehen lassen, bis sie schäumt.

Das Mehl in einer Schüssel mit 4 EL Zucker und dem Meersalz mischen. Die Hefemischung hinzufügen und die Zutaten mit einem Holzkochlöffel grob zu einem Teig verrühren.

Den Teig 6–8 Minuten auf der leicht bemehlten Arbeitsfläche durchkneten, bis er glatt und elastisch ist. Gegebenenfalls noch etwas Mehl bzw. etwas Wasser hinzufügen, falls der Teig zu weich oder zu klebrig ist.

Den Teig in eine große, mit Öl eingefettete Schüssel legen und darin wenden, bis er mit Öl überzogen ist. Mit Frischhaltefolie abdecken und 1 Stunde an einem vor Zugluft geschützten Ort gehen lassen, bis er sein Volumen verdoppelt hat.

Die Rosinen abtropfen lassen und die Flüssigkeit möglichst vollständig herauspressen. Ein Backblech mit Mehl bestäuben. Mit der leicht bemehlten Faust vorsichtig die Luft aus dem Teig herausschlagen. Den Teig in zwei gleich große Portionen teilen und zu zwei Scheiben (à etwa 20 cm Ø) ausrollen. Eine Teigscheibe auf das Backblech legen und mit der Hälfte der Trauben und der Rosinen bestreuen. Die zweite Teigscheibe darauflegen und mit den restlichen Trauben und Rosinen bestreuen. Mit einem Geschirrtuch abdecken und 1 Stunde an einem vor Zugluft geschützten Platz gehen lassen, bis der Teig sein Volumen verdoppelt hat.

Inzwischen den Backofen auf 160 °C vorheizen.

Die Wähe mit dem restlichen Zucker bestreuen und in 40–50 Minuten goldbraun backen. Etwas abkühlen lassen, in große Stücke schneiden und warm oder zimmerwarm servieren.

Register

DORLING KINDERSLEY
London, New York, Melbourne, München und Delhi

Für die deutsche Ausgabe
Programmleitung Monika Schlitzer
Projektbetreuung Janna Heimberg
Herstellungsleitung Dorothee Whittaker
Herstellung Anna Strommer

Bibliografische Information Der Deutschen Bibliothek
Die Deutsche Bibliothek verzeichnet diese Publikation in der Deutschen Nationalbibliografie;
detaillierte bibliografische Daten sind im Internet über http://dnb.ddb.de abrufbar.

Titel der englischen Originalausgabe:
THE GREENGROCER

Text © Leanne Kitchen
Fotos und Gestaltung © Murdoch Books

Verlagsleitung Juliet Rogers
Projektleitung Kay Scarlett

Leitung Gestaltung Vivien Valk
Projektbetreuung Janine Flew
Lektorat Katri Hilden
Konzept Gestaltung Sarah Odgers
Gestaltung Alex Frampton
Produktionsbetreuung Kita George
Fotografie George Seper
Food Stylist Marie-Hélène Clauzon
Zubereitung der Gerichte Joanne Glynn

Der Originaltitel erschien 2008 bei Murdoch Books Australia und Murdoch Books UK Limited
Alle Rechte vorbehalten. Jegliche – auch auszugsweise – Verwertung, Wiedergabe, Vervielfältigung oder
Speicherung, ob elektronisch, mechanisch, durch Fotokopie oder Aufzeichnung bedarf der vorherigen
schriftlichen Genehmigung durch Murdoch Books.

© der deutschsprachigen Ausgabe by Dorling Kindersley Verlag GmbH, München, 2010
Alle deutschsprachigen Rechte vorbehalten

Übersetzung Barbara Holle
Redaktion Jutta Friedrich
Satz Beate Fellner

ISBN 978-3-8310-1585-6

Printed by 1010 Printing International Limited in China

Besuchen Sie uns im Internet
www.dk.com